VRIER ÉBÉNISTE

OU

LES FRUITS D'UNE BONNE CONDUITE

uvrage propre à être admis dans les Écoles de Filles et de Garçons,

PAR

M. BOUDEVILLAIN.

PARIS,

C. DILLET, Libraire-Éditeur.
15, Rue de Sèvres, 15.

CHATEAUDUN,   TOURS,
Pouillé, libraire.   Et **Cattier**, libraire.

1864.

Ce crochet est quelquefois séparé de la tige, selon les exigences, pour être, dans ce cas, rattaché aux deux anneaux dont il partage la mobilité.

Ces deux anneaux peuvent être arrêtés, dans leur course perpendiculaire, au moyen d'une vis de pression placée derrière la douille ; dans leur jeu circulaire, par un léger aplatissement de la tige en métal correspondant à un pareil aplatissement de l'intérieur de la douille. On peut obtenir le même résultat, en donnant la forme elliptique soit à la tige, soit à l'intérieur de la douille.

Dans ce dernier cas, on a la possibilité d'enrouler autour de la tige en métal, au-dessus ou au-dessous des anneaux, ce qui dépend de la position plus ou moins élevée du siége de la voiture, un ressort contourné en spirale laissant au cheval la faculté de se rendre la main, si la main du cocher est immobile, si d'ailleurs la vis de pression n'étant pas serrée, ne gêne pas les deux anneaux dans leur course perpendiculaire.

L'OUVRIER ÉBÉNISTE

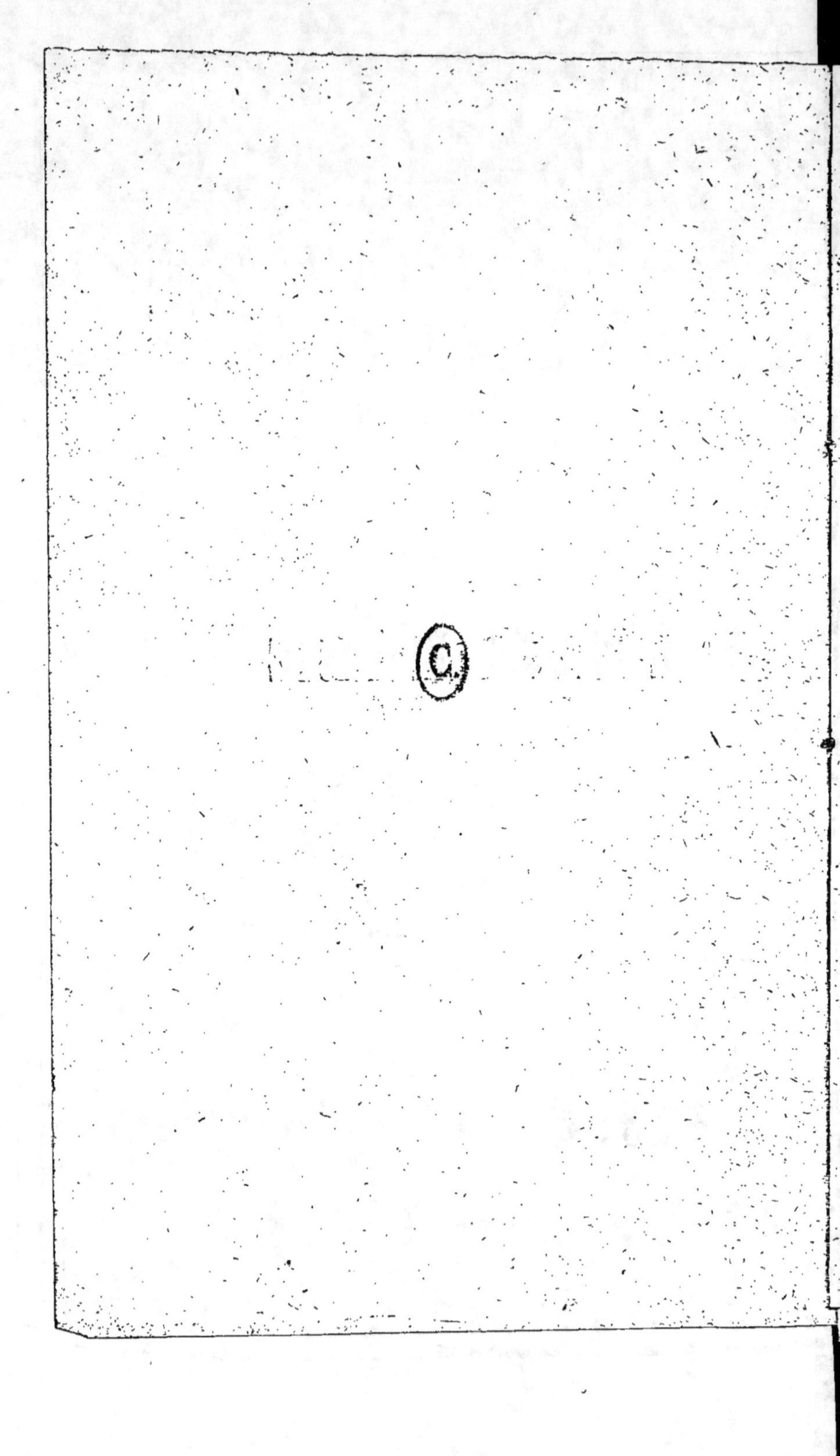

L'OUVRIER ÉBÉNISTE

OU

LES FRUITS D'UNE BONNE CONDUITE

Ouvrage propre à être admis dans les Ecoles de Filles et de Garçons,

PAR

M. BOUDEVILLAIN.

PARIS,

C. DILLET, Libraire-Editeur.
15, Rue de Sèvres, 15.

—

CHATEAUDUN,   TOURS,
Pouillé, libraire.   Et. **Cattier**, libraire.

1864.

Lyon, le 25 février 1864.

MONSIEUR LE CURÉ,

J'ai lu le petit ouvrage que vous avez bien voulu me communiquer. Je le trouve propre à faire du bien dans les familles, dans les petites localités surtout, auxquelles il me paraît s'adresser particulièrement.

L'*Ouvrier ébéniste* fera pendant à son aîné, l'*Oncle Nicolas* ; il intéressera et édifiera comme ce dernier, et obtiendra le même succès.

Agréez, etc.

Adrien PELADAN,

Directeur de la *France littéraire*.

PRÉFACE

—

J'aime la montagne non loin de laquelle est bâtie la petite ville qui me donna le jour; j'aime les prairies qui l'environnent et le ruisseau qui les arrose ; l'église où j'ai été baptisé et le cimetière où reposent mes pères. Cette affection en vaut une autre ; elle conserve en effet de précieux souvenirs et surtout l'esprit de famille qui tend à disparaître.

Autrefois on sortait peu du pays natal, ou on y revenait après une courte absence ; on vivait tout aussi bien et même mieux qu'à présent, parce qu'on ne se créait point une foule de besoins superflus. La vie étant plus réglée, plus douce par conséquent, assez généralement ne s'éteignait qu'à un âge avancé.

Les familles d'alors étaient mieux unies, plus heureuses. Sans doute elles avaient des défauts; mais remplies de foi, elles les reconnaissaient et chacun devenait meilleur. On tenait aussi à la fortune, mais sans en faire son Dieu, et tous moyens pour y arriver n'étaient pas employés.

Puisque tous aujourd'hui se portent vers les grands centres où on ne trouve souvent que déceptions, essayons de présenter le tableau des avantages que nous aurions chacun à rester, comme nos pères, au pays qui nous vit naître.

Qui de nous n'est pas attristé des excès dans lesquels donnent souvent les classes ouvrières, dignes de tout intérêt par le travail auxquel elles se livrent et par l'utilité qui en ressort pour la société? Chacun doit consacrer ses veilles et ses talents à ce qui peut les encourager dans leur existence semée de pénibles labeurs. Ceux qui ont de la fortune doivent venir au secours de ceux qui en sont déshérités, surtout pendant les temps mauvais; mais les pauvres ont aussi des devoirs à remplir: il leur faut de la moralité, de la foi, vertus toujours accompagnés d'ordre et d'économie. Sachons que l'aisance est ordinairement basée sur ces qualités.

L'OUVRIER ÉBÉNISTE.

I. LE TOIT PATERNEL.

Heureux ceux qui trouvent leurs satisfactions dans la maison paternelle ! Souvent les enfants sont impatients d'arriver à l'âge où il leur sera donné de la quitter. Mais quel repos se prométtent-ils ? S'ils doivent en sortir comme domestiques, ils ne trouveront guère dans les maîtres la bonté et les soins particuliers des parents ; obligés quelquefois à se lever de bonne heure et à se coucher tard, jamais ils n'auront en quelque sorte assez travaillé et ne connaîtront même pas le septième jour. Si c'est pour prendre un état, ceux qui seront chargés de les former les rudoieront et ne s'attristeront pas en voyant couler leurs larmes.

M. Norbert est un ouvrier aisé, qui habite la petite ville de P.... Veuf depuis trois ans, il dirige lui-même l'éducation de ses enfants : il en a quatre, deux garçons et deux filles. L'aînée tient le ménage ; elle compte au plus seize ans; mais elle est si raisonnable, qu'on lui en donnerait bien dix-neuf. Elle ressemble à sa mère ; douce comme elle, pieuse, modeste, tout le monde l'admire ; ses frères et sa sœur lui obéissent comme à leur père. La désobéissance au reste ne serait pas de mise : M. Norbert sait ce qu'elle coûte, il a passé par tant d'épreuves... En les racontant, nous édifierons le lecteur et lui montrerons la force que la religion peut donner.

Souvent il prend son plus jeune garçon sur ses genoux ; il a six ans à peine : « Mon chéri, lui dit-il, mon Victor, aime bien le bon Dieu, prie-le pour ton père et surtout pour ta mère ; ne l'oublie jamais, entends-tu, mignon ? »

— Oui, papa, répond l'enfant ; faites-moi encore dire : Mon Dieu, bénissez mon père et rendez ma mère heureuse.

— Je vois, mon enfant, que tu te rappelles ce qu'on te dit; aussi quand nous prierons tous ensemble, tu demanderas également au bon Dieu de veiller sur ton frère et tes sœurs, ta Louise surtout que tu aimes tant. —

Le petit Victor allait aussitôt embrasser sa sœur aînée, puis Léontine, puis Joseph.

Léontine a bientôt treize ans et Joseph dix-neuf. La différence d'âge entre les deux derniers enfants n'est si grande que parce que plusieurs autres sont morts peu de temps après leur baptême. Les trois plus âgés sont donc capables de comprendre ce qu'on leur dit ; aussi M. Norbert, qui ne les quitte jamais que pour les heures où ses occupations l'exigent, leur parle souvent du bonheur qu'ils ont de rester avec lui.

« Je goûtais avec Léa les douceurs de la maison paternelle ; tous deux nous aimions nos parents ; ils nous aimaient aussi et tenaient comme j'y tiens pour vous à ce que nous fussions bien élevés ; nous allions de bonne heure à l'école. Quand nous revenions le soir, la journée nous avait paru si longue, que nous ne savions quelle caresse leur faire.

« Nous priions avec eux, les embrassions tous les soirs ; le dimanche ils nous menaient à la messe, moi je restais auprès de mon père et Léa auprès de notre mère ; nous revenions ensemble ; on dînait, on retournait à l'église pour les vêpres, puis rentrés à la maison, en hiver, nous faisions des jeux, et en été, nous allions nous promener.

« Mon père n'était pas sans sortir et sans voir

personne ; mais il disait toujours à ma mère où il allait et restait absent le moins possible. Notre famille se rassemblait quelquefois avec d'autres ; les voisins venaient chez nous , nous allions chez eux , on jouait, on chantait et tous paraissaient contents.

« Je me rappelle que mon père se plaisait à faire chanter Léa ; je disais aussi un petit couplet : cela réjouissait nos parents , comme je me réjouis de vous entendre : voilà pourquoi je tiens à ce que vous en fassiez autant. Le chant récrée le cœur et donne du courage. Malheureusement depuis la mort de votre mère, nous n'avons pu être gais et comment le serions-nous? Vous êtes toute ma consolation. »

— Oui , papa , s'écrièrent les enfants , et ils vinrent l'embrasser.

II. ORPHELINS.

« Mes parents avaient une petite aisance. Disposés à rendre service , ils le faisaient autant que les circonstances se présentaient. N'est-ce pas un bonheur, au reste, d'obliger? Malheureusement tous n'ont pas cette vertu ; il y en a pour qui c'est chose impossible. Prêter leur va, mais aux conditions les plus onéreuses ; j'ai connu des personnes qui, pour se tirer d'une difficile position, trouvaient chez ces sortes de gens des secours à raison de 50 pour 100. La loi condamne, il est vrai; mais on connaît le moyen de l'éluder, ce qui prouve que la crainte de Dieu serait le meilleur obstacle. L'emprunteur a tort sans doute, mais de combien d'illusions ne se berce-t-il pas ?

» Mon père était comme cela : il voyait les choses en beau et faisait mille projets. A son aise autrefois et toujours prêt à faire du bien, il pensait que, dans le cas de besoin, on serait bon aussi envers lui; mais il n'en fut pas ainsi, et lorsqu'il le fallut, il subit les taux les plus usuraires.

» Deux circonstances contribuèrent à le jeter dans le besoin : 1° le feu du ciel tomba sur notre maison, causa beaucoup de ravages , et comme nous n'étions pas assurés, presque tout notre mobilier disparut. 2° Nous avions un frère plus âgé que nous d'une dizaine d'années; par sa paresse et son habitude d'aller au café , il compromit l'établissement que mon père lui avait confié : de là notre gêne.

» Antoine manquait de cœur ; ayant lu de mauvais livres, se croyant un savant, il oubliait que le travail est un grand moralisateur. Non-seulement donc il ne faisait rien , mais il alla jusqu'à abuser de la signature de mon père , en sorte que celui-ci crut devoir reconnaître ses obligations. Ces sacrifices imprévus amenèrent la ruine de la maison. Mon frère partit ensuite pour Paris; sans doute il est mort car nous n'en avons plus entendu parler.

» Il ne nous restait plus rien. Mon père espérait néanmoins se relever; mais les pertes qu'il venait de faire , l'inconduite de son fils aîné qui ajouta à ses chagrins, tout cela altéra sa santé. Pendant près de six mois il demeura étendu sur un lit. Ma mère, quoique très-contrariée par la perte de son avoir , car sur les instances de son mari elle avait sacrifié son bien personnel, ma mère ne négligea rien pour le consoler et pour que les soins d'un médecin habile lui fussent donnés : on eut quelque temps des lueurs d'espérance ; mais le mal fit des progrès, et il mourut : sa fin fut celle d'un chrétien éprouvé.

» Souvent, dit le proverbe , un malheur ne vient pas sans l'autre ; ma mère que les soins donnés à notre père avait épuisée , succomba peu après, malgré nos pieuses attentions.

» Avant ses derniers moments elle nous appela auprès de son lit : Mes enfants, nous dit-elle , je vais mourir; mais quoique absente, je veillerai sur vous. Aimez toujours le bon Dieu;

conduisez-vous sagement , il vous protégera. Votre frère ne s'est pas trouvé au lit de mort de son père et il n'est pas avec vous autres. Sans le maudire, promettez-moi de vous défier de lui. Nous le promîmes.

» Elle expira quelques moments après. Nous éclatâmes alors en sanglots ; nous veillâmes auprès d'elle, nous l'accompagnâmes à sa dernière demeure et obtînmes qu'elle fût placée à côté de notre père.

» Quand on n'a plus ses parents , tout manque; nous le vîmes bientôt. Il nous restait un oncle, il est vrai, notre mère nous l'avait dit; mais il demeurait à une certaine distance. Nos tantes n'étaient plus et nul de nos cousins ne sembla s'occuper de nous ; les tuteurs même ne firent pas grand chose.

» Notre chagrin était grand : que faire ? que devenir ? Heureureusement une lettre de mon oncle arrivait peu de temps après ; elle annonçait son retour au pays. Il paraît qu'il s'était absenté bien loin et que sans cela il serait venu. Il me dit de partir de suite pour M. et à Léa d'entrer chez les sœurs. La supérieure en effet vint nous trouver et fit part à Léa de l'ordre qu'elle avait reçu. Il était temps; les créanciers s'ennuyaient d'attendre , et quitter notre maison nous désolait.

» J'avais alors treize ans et ma sœur onze. Je savais lire, écrire et compter passablement. Je connaissais aussi mon catéchisme et j'avais eu le bonheur de faire ma 2e communion. Nous partîmes.

III. ADIEUX.

Il n'y a rien qui coûte comme d'abandonner la maison où on est né ; où on a grandi ; tout rappelle de précieux souvenirs. Là était le berceau où notre mère jetait souvent un regard de satisfaction pendant notre sommeil et où elle se tenait penchée, pleine d'angoisses, lorsque nous étions malades. Ici nous nous asseyions soit dans notre petite chaise , soit sur les genoux de nos parents; là était leur place, ici la nôtre. Qu'est-ce que le jardin ne nous rappelait pas également ? C'est dans ces allées que nous courions avec un frère, une sœur, que nous étions joyeux de cueillir des fleurs pour les apporter à nos parents et recevoir d'eux un doux baiser en échange.

Les grands arbres du jardin et du petit champ qui le joignait nous connaissaient pour ainsi dire, ils nous semblaient différents des autres; les oiseaux n'avaient point peur de nous , ils

venaient quelquefois manger dans nos mains.
Les poissons s'approchaient aussi et se jetaient
en jouant sur les miettes de pain que nous leur
donnions.

« Combien nous étions heureux, chère Léa ?
dis-je à ma sœur ; c'est peut-être la dernière
fois que nous nous asseyons sous ce grand
cerisier, dont j'aimais à cueillir les fruits pour
nos parents et pour toi. — Demain il nous faudra quitter ces lieux qui nous sont chers; mais
une pensée secrète me console ; il me semble
que nous y reviendrons un jour et que je mour-
rai où sont morts nos parents.

— Sur quoi te fondes-tu, répondit Léa, pour
croire une pareille chose ? Ah ! si cela pouvait
se réaliser, j'aurais moins de chagrin ; mais
je ne vois rien qui puisse me donner cet espoir.

— Ecoute, Léa, hier soir en faisant une
prière devant l'image de la Vierge qui est dans
ma chambre et que j'avais tant de soin d'orner
de guirlandes pendant le mois qui lui est con-
sacré, une voix me dit, ou du moins je crus
l'entendre : Mon enfant, ne pleure pas, tu as
mis ta confiance en moi, tu as eu raison ; je
te tiendrai lieu de mère et, si tu aimes Dieu,
je te ramènerai un jour dans ce lieu qui t'est
cher ; accepte en attendant les épreuves qui se
présentent. Je n'entendis plus rien; mais je dis :
Je suis prêt à tout.

— C'est peut-être un rêve , reprit Léa.

— Je ne crois pas , car j'étais à genoux et demandais le courage d'accepter le sacrifice que j'allais m'imposer. —

» Ma sœur et moi nous nous rappelâmes mille circonstances de notre premier âge; les enfants qui venaient jouer avec nous, les amis de nos parents et les charmantes soirées d'hiver que nous avions passées.

» Après avoir jeté un regard vers le ciel et considéré un instant la lune qui commençait à monter à l'horizon, nous nous dîmes : Voilà un spectacle qu'il ne nous sera pas donné de voir ensemble de longtemps.

» Cependant j'ai un certain espoir, ajouta Léa, ce que tu viens de me dire me rassure : la sainte Vierge est si bonne. —

» Nous rentrâmes alors à la maison, nous fîmes la prière en commun, selon l'usage, et nous nous retirâmes chacun dans notre chambre.

» Je devais le lendemain partir pour aller chez mon oncle , à une distance de dix lieues; Léa devait entrer chez les sœurs.

» Nous versâmes d'abondantes larmes lorsque nous fermâmes la porte et surtout en sortant du jardin; nous regardâmes souvent en arrière.

» Le soleil s'était levé radieux , les oiseaux chantaient et semblaient nous saluer dans leurs concerts.

« L'horloge venait de sonner huit heures; on était au commencement de septembre. C'était l'heure de la messe; nous voulûmes y assister avant de nous séparer et faire une visite au cimetière. Nous priâmes attentivement. La messe finie, nous allâmes nous agenouiller sur la fosse de ceux qui nous avaient appris le culte des morts; nous dîmes le *De profundis*, puis cette invocation :

« O notre bon père et notre bonne mère, si vous êtes avec Dieu, comme nous l'espérons, ayez pitié de nous; voilà vos enfants condamnés à quitter la maison où vous les aviez élevés : c'est un grand malheur ; mais ils se consolent par cette pensée que vous veillerez sur eux et ne permettrez pas qu'ils oublient jamais d'aimer Dieu, pour se trouver plus tard avec vous. »

La suite du récit fut lue par M. Norbert, sur un cahier, où sa vie était racontée à la troisième personne.

IV. SŒURS DE CHARITÉ.

On ne comprend pas toujours dans les campagnes, et même dans les villes, les services que rendent ces humbles filles qui ont renoncé aux douceurs de la vie pour se consacrer à

Dieu, aux soins des malades et à l'éducation des enfants. Souvent elles appartiennent à des familles aisées ; elles pouvaient briller dans le monde ; mais elles ont préféré le renoncement et devenir humbles servantes du Seigneur. Leur mission est loin d'ailleurs d'être exempte de tracasseries, car les enfants auxquelles elles se donnent, ne sont pas toujours reconnaissantes ; les parents eux-mêmes n'apprécient pas toujours leur enseignement ; les malades qu'elles visitent éclatent parfois en reproches; à l'exemple de leur divin Maître, elles ne s'irritent point, mais elles passent toujours en faisant le bien.

Sœur Lucie, née de parents riches, avait été demandée en mariage par plusieurs jeunes gens de son rang ; mais elle a tout quitté à l'âge de dix-sept ans et s'est consacrée à Dieu pour le service des pauvres. C'est elle qui est supérieure dans la petite ville de P. ; elle est venue à la messe avec ses subordonnées et une grande partie des filles qu'elles dirigent : les élèves sont tenues à ce devoir tous les jours.

— Pourquoi, se dit-elle, Léa n'est-elle pas avec les autres ? Il y a quelque chose là dessous; jamais je ne l'ai vue se mettre ailleurs. Elle attendit après la messe pour l'appeler et lui demander de s'expliquer. Mais à peine l'office avait été dit que la petite fille sortit avec son frère. Sœur Lucie suivit les enfants de loin, les vit entrer dans le cimetière et aller s'age-nouiller sur deux tombes. Inaperçue, elle fut témoin de leurs prières, et leurs adieux termi-nés, elle se montra.

— Mes petits amis, leur dit-elle, j'ai tout vu : vous êtes d'excellents enfants ; et je ferai tout pour vous être utile. La sainte Vierge que vous priez si bien, vous bénira et vous serez ré-compensés de l'amour que vous portiez à vos parents.

— Léa, je vous l'ai déjà dit, vous allez venir chez nous de ce pas, vous devenez notre fille adoptive, nous vous instruirons et quand vous serez grande, vous prendrez l'état que vous vou-drez.

— Tu vois, dit Norbert à sa sœur, que déjà le bon Dieu vient à notre secours et que tu trou-ves dès aujourd'hui une maison où tu pourras apprendre à servir le Seigneur et gagner ta vie.

— Madame, dit-il à la sœur, soyez mille fois bénie ; ce que vous faites pour Léa est une bonne œuvre ; sans vous que serait-elle deve-nue ? Je ne m'attristais que pour elle ; car, vous le savez, un garçon se place toujours plus fa-cilement ; je m'inquiète un peu cependant, car dans quelle maison entrerai-je ? Il est vrai, mon oncle y veillera.

— Si je puis vous être utile aussi , mon enfant , je le ferai avec plaisir ; conservez toujours les bons sentiments que je vous connais ; Dieu vous viendra en aide.

— Merci , Madame , répondit Norbert , merci mille fois ; permettez-moi de baiser votre main en signe de reconnaissance. Il embrassa ensuite sa sœur et dit en pleurant : « Au revoir, Léa. »

— Pendant cette scène , sœur Lucie était attendrie jusqu'aux larmes , et quelque chose semblait lui dire : vous êtes parents.

V. L'ORAGE.

Qu'il était triste Norbert maintenant ! Pendant qu'il se trouvait encore avec sa sœur et n'avait point perdu de vue le clocher de la ville , il avait contenu son émotion ; maintenant il gémit et ne se sent plus le courage de marcher; mais il se rappelle qu'il a des épreuves à subir , et que le ciel a promis de veiller sur lui : A quoi me servirait la tristesse ? dit-il ; si mon oncle veut , j'apprendrai un état , et lorsque je serai *ébéniste* , quelle belle chaire je donnerai à l'église et comme j'ornerai l'autel de la Vierge ! Léa aussi sera fière , si nous nous retrouvons ensemble.

Petit à petit l'enfant s'éloignait ; il se reposait de temps en temps sur l'herbe, puis reprenait sa marche. Déjà il avait fait environ neuf lieues; le soleil allait bientôt disparaître , il ne devait pas être bien loin du château où servait son oncle. Une certaine inquiétude commença à s'emparer de lui. La nuit approchait ; il marchait toujours , et comme il venait de quitter la route , pour prendre un chemin de traverse, il ne rencontrait plus personne. Tout-à-coup , le ciel jusques là serein se couvre de nuages noirs , le vent souffle avec violence, des éclairs scintillent, le tonnerre gronde , la pluie tombe par torrents. Norbert ne peut plus marcher , il s'arrête ; la fatigue et la peur le font tomber presque sans connaissance au bord d'un fossé profond; mais il prie et une main invisible semble le protéger. Cependant que va-t-il devenir ? sera-t-il contraint de passer la nuit dehors ? L'orage se prolonge, et quand il cesserait, où aller ? L'obscurité est complète ; il peut avoir quitté le chemin , il prend donc le parti de rester. Il est là depuis trois heures : il se désole, il appelle sa sœur , prie ses parents et surtout se recommande à la sainte Vierge.

Au même moment un bruit de pas se fait entendre : Dieu a permis qu'un homme revenant du marché voisin , au lieu de prendre le chemin ordinaire ; se soit trompé au plus fort de l'orage et ait suivi celui où se trouvait Norbert. Ce dernier gémissait lorsque le voyageur passa. Ne voyant rien, étonné, l'étranger cria : Qui est là ? L'enfant répondit : —Ayez pitié de moi; je suis de la ville de P..., je vais chez mon oncle qui reste au château de M.., je ne dois pas être bien loin , mais je ne sais si c'est le chemin. Si vous pouviez m'emmener avec vous ?...

— Oui , mon enfant , répondit l'étranger, d'une voix douce , je connais le pays ; le château où tu vas n'est guère qu'à une demi-lieue: tu as fait plus de chemin qu'il ne fallait. Tu es égaré ; mais je vais te conduire. C'est bonheur néanmoins que tu aies quitté le chemin , car si je n'avais pas pris celui-ci , tu ne m'aurais pas vu , et peut-être sur un autre point n'aurais-tu rencontré personne. — Comme toi aussi je me suis trompé ; heureusement que j'étais à pied : le temps m'avait engagé à laisser mon cheval , sans cela l'orage ne m'aurait probablement pas fait prendre de ce côté. Viens avec moi, je te mènerai dans la ferme même du château; on me connaît et tu seras bien reçu. —

Dire la joie que Norbert ressent à ces paroles, est chose impossible.

— Merci, Monsieur , merci mille fois ; vous me sauvez la vie. —

Cependant le temps s'était éclairci ; à la lueur des étoiles et surtout de la lune qui ne tarda pas à paraître, le voyageur put voir que l'enfant méritait intérêt. Outre le son de sa voix qui était douce , il remarqua qu'il avait une figure franche et belle. Il s'informa de ce que nous savons et tout en causant ils arrivèrent à la ferme. Par bonheur, ce soir là , on était encore debout ; au premier signe de l'orage, le fermier avait envoyé chercher les regains ; on venait de les rentrer , et on terminait le repas du soir, à l'arrivée des voyageurs.

VI. LÉA.

Léa aussi avait pleuré , et de temps en temps elle regardait du côté par où son frère s'en était allé. La supérieure la consolait de son mieux ; mais, malgré tout ce qu'elle pouvait lui dire, la pauvre enfant n'en restait pas moins affligée.

— Votre frère est bon , mon enfant, lui disait la religieus je le sais ; ce que j'ai vu me l'a mieux dit que toute autre chose. Je déplore son éloignement ; mais il faut l'espérer , le bon Dieu vous le ramènera.

— Vous l'espérez , ma sœur, reprit Léa ?

— Oui. —

L'enfant cessa ses larmes, et sans oublier celui qui en était la cause, lorsqu'elle eut rejoint les autres jeunes filles de l'école, elle fut contrainte de penser à autre chose ; car elle trouva là beaucoup de sympathie et des moyens de faire diversion à ses peines.

Léa assista aux classes et passa la journée comme autrefois ; mais, le soir, elle ne s'en retourna pas ; elle resta avec les pensionnaires, et, après souper, sœur Lucie la mena dans une petite chambre à côté de la sienne. Elle l'y plaçait exprès pour veiller sur elle et lui donner ses soins.

« Mon enfant, lui dit-elle, considérez-vous comme chez vos parents, et prenez du courage. »

La petite fille ne dormit pas de suite; elle ne put s'empêcher de penser à ses gens, à Norbert et à sa maison. « Demain, disait-elle, mon frère ne viendra pas m'éveiller; hélas ! où est-il ? Si quelque malheur allait lui arriver ! Pour moi, je suis bien ici. » Elle s'endormit.

Mais une demi-heure à peine s'était écoulée, qu'elle jeta un grand cri. Sœur Lucie qui travaillait l'entendit; elle accourut aussitôt et vint voir ce qui se passait.

— Qu'avez-vous, mon enfant, il me semble que vous avez crié ?

— Oui, ma sœur, répondit Léa; je venais de

m'endormir; je ne sais comment cela s'est fait, mais un orage épouvantable venait d'éclater ; mon frère était tombé de fatigue sur le bord d'un fossé où l'eau coulait par torrents, il allait être entraîné et criait : Léa, Léa, je vais mourir. A ce moment sans doute je me suis réveillée en disant : Norbert !

— Je sais, mon enfant, que quelquefois, pendant le sommeil, nous recevons des avertissements; mais c'est rare et puisque votre frère marche bien, il aura eu le temps d'arriver avant la nuit. On a vu, il est vrai, quelques éclairs; mais le ciel ne s'est guère couvert et il n'est pas tombé de pluie. Dormez tranquille. —

Le lendemain, pour distraire Léa et surtout lui faire prendre l'air, sœur Lucie décida que l'enfant irait chaque jour aux champs pour garder le troupeau de la maison, dans l'après-midi, et que le matin elle suivrait les classes.

L'idée de sortir, surtout par un beau soleil d'automne, avait quelque chose d'agréable pour Léa. Les enfants aiment beaucoup le grand air; d'un autre côté, c'était une occasion de revoir sa maison, car du lieu où le champ se trouvait on la découvrait facilement.

Nous le savons tous, cela fait du bien de se retrouver en face d'objets aimés ; l'impression est parfois si forte qu'on a vu des personnes oublier les choses les plus indispensables et rester longtemps aans une espèce d'extase; Léa fut de ce nombre.

Le champ où elle se rendait étant clos en grande partie, elle pouvait s'asseoir et coudre tranquillement ; mais ses yeux se fixaient sur la maison, elle saluait les arbres du jardin, et il lui semblait toujours que son frère allait paraître.

Insensiblement elle reprit tout son calme. Elle fit des progrès dans toutes les choses auxquelles on l'exerça.

VII. L'ONCLE AUGUSTE.

Norbert fut bien reçu à la ferme, non-seulement à cause du voyageur qui l'avait introduit et qu'on connaissait, mais en considération de M. Auguste, le vieux domestique du château. A peine eut-il dit qu'il était son neveu, que le fermier s'écria : Vous avez un brave homme pour oncle, tout le monde l'aime et l'estime ici.

Auguste était depuis plus de 30 ans au service de Mme de L. Il n'avait guère que 19 ans quand il y entra, et en avait près de 50, au moment où se passe cette histoire. Mme de L. avait perdu son époux peu de temps après son mariage; quoiqu'elle n'eût point d'enfants et que plusieurs fussent venus demander sa main, elle avait refusé de contracter de nouveaux liens. Elle assistait à la messe tous les jours, communiait souvent, cousait ou brodait pour les pauvres, se faisait un devoir d'aller leur porter des vêtements et même de les soigner dans leurs maladies.

On avait proposé à Auguste des places plus lucratives ; il les avait refusées par attachement pour sa maîtresse : elle était si bonne pour tous !

Mme de L. n'ayant que des parents riches, ne crut pas leur faire tort en assignant une rente viagère de 500 fr. à Auguste et de 400 à Mélanie, sa cuisinière, pour récompense de leurs services.

Celle-ci, pas plus que le cocher, n'avait cherché à se marier : « Il y en a tant qui sont mal, disait-elle ; ne suis-je pas, au reste, comme à mon ménage ? Notre dame est si bonne; jamais elle ne vient voir, comme cela se fait ailleurs, si on met trop de bois dans le feu, ce qu'on mange ou ce qu'on boit. Elle a bien raison, je ne voudrais pas la tromper pour tout au monde, et celui qui viendrait me donner conseil de le faire, serait mal reçu. »

Norbert ne connaissait point son oncle ; il

l'avait bien vu une fois chez ses parents; mais il était si jeune qu'il ne se le rappelait nullement. Par malheur, au moment de la maladie de son beau-frère et de sa sœur, Auguste était absent. Mme de L. l'avait emmené en Italie, où elle allait rétablir sa santé ; elle n'était de retour que depuis deux jours. A son arrivée, Auguste avait trouvé une lettre qui lui annonçait la mort de sa sœur; il répondit de suite à M. le curé de P. de dire à son neveu de se rendre auprès de lui et à Léa d'entrer chez les sœurs. Inquiet cependant, il serait parti dès le lendemain, si la fermière ne l'avait point fait demander.

— Monsieur Auguste , j'ai une bonne nouvelle à vous apprendre.

— Laquelle ?

— Il y a un petit garçon ici qui se dit votre neveu; il nous est arrivé hier tout mouillé avec un marchand de F. qui l'a trouvé dans les bois pleurant et transi de peur. L'orage l'avait surpris et il ne connaissait plus le chemin.

— D'où vient-il ?

— De la petite ville de P.

— Son nom ?

— Norbert.

— Où est-il le cher neveu, que je l'embrasse?... Je l'attendais.

— A cause de vous , monsieur Auguste , et pour qu'il fût plus tranquille, nous l'avons mis dans la chambre de notre Jules; il dort encore probablement.

— Cela se trouve bien , dit M. Auguste ; je devais partir aujourd'hui même. La lettre que vous m'avez remise m'annonçait la mort de ma sœur et me disait de me rendre auprès des enfants , car il y a aussi une jeune fille. Je vais prévenir Madame et je reviens aussitôt.

Un quart-d'heure après Auguste était de retour; au moment où il entrait dans la chambre de Norbert, il le vit à genoux faisant sa prière. Il le regarda sans rien dire et attendit patiemment dans la cuisine que l'enfant eût fini.

Quand Norbert parut, son regard se porta de suite sur Auguste , et à peine la fermière lui eut-elle dit : Enfant, voilà votre oncle, qu'il se jeta entre ses bras.

— Pauvre Norbert , s'écria-t-il après l'avoir embrassé et considéré plusieurs fois , que tu ressembles bien à ton père !

— Dans ce cas cela devait faire un bel homme, dit la fermière.

— Oui, la maîtresse , répondit Auguste , son père était un des plus beaux et des meilleurs hommes de P. Ensuite s'adressant à Norbert : Et ta sœur ?

— Léa est chez les religieuses; la supérieure est venue la chercher.

— Cela ne me surprend point; les sœurs sont toujours si charitables. D'un autre côté, je viens d'apprendre par une lettre de Bretagne que la supérieure est peut-être ta cousine.

— Comment ?

— Ton père n'était point de ce pays; il était venu de la Bretagne; il avait économisé quelque argent, s'établit comme laboureur et se maria avec ma sœur. Au bout d'un an il eut ton frère, qui malheureusement n'a point profité de sa bonne éducation et dont je ne dis que cela. Neuf années après tu vins au monde, puis enfin Léa. Ton père n'est guère retourné dans son pays natal; il en parlait souvent, le regrettait beaucoup; mais il ignorait ce qu'était devenue sa famille. Il y a trois ans, je fis un voyage en Bretagne pour ma maîtresse; désirant voir les parents de ton père, j'allai au village, et j'appris qu'une de tes cousines appartenait à la communauté d'E. Sachant qu'elle s'appelait Lucie Norbert, j'ai pris des informations, et, je crois que c'est elle qui se trouve maintenant à P. — Pendant ce discours Norbert ne se possédait pas de joie.

La fermière témoin de l'entrevue, essuya de temps en temps une larme en se disant: Heureux neveu.

M. Auguste emmena l'enfant au château et le présenta à Mme de L.

VIII. APPRENTISSAGE.

Mme de L. reçut l'enfant avec sa bonté ordinaire, lui adressa plusieurs questions auxquelles il répondit avec précision, l'encouragea à bien servir Dieu et promit de l'aider à trouver une place. — Je voudrais, mon ami, pouvoir vous prendre chez moi; mais ma fortune ne me permet pas de faire ce que je désire. Votre oncle m'a dit que vous aviez intention d'apprendre un état, j'approuve cette idée. Le malheur de notre époque est d'aimer trop le déclassement ; chacun ne se trouve bien nulle part et l'ambition dévore les hommes. Heureusement il y en a qui n'en sont pas là : votre oncle, par exemple; il a refusé de gagner davantage pour rester ici. Comme il est dur de servir, je cherche à dédommager mes domestiques par les égards qui leur sont dûs et je pense que cette méthode en vaut bien une autre. Si votre oncle ne m'était pas connu, je ne parlerais pas ainsi devant lui.

— Je remercie madame, répondit Auguste, de la bonne opinion qu'elle veut bien avoir de moi; oui, j'ai été à même de gagner plus; mais j'aurais perdu d'un autre côté. Je n'oublie point le proverbe : contentement passe richesse; j'ai surtout tenu compte de la facilité que vous me donnez de remplir mes devoirs de chrétien. —

Auguste prit congé de Madame et descendit à la cuisine, pour faire déjeûner son neveu qui, accoutumé à manger de bonne heure, commençait à avoir faim.

— Voilà un beau petit garçon, dit Mélanie; il a l'air bien doux.

« Mange, mon mignon, ajouta-t-elle ; on est ici comme chez soi, mais on n'abuse pas des permissions. »

Pendant ce temps, Auguste était sorti; il s'occupait déjà du sort de Norbert. « Le placer, disait-il, est chose difficile ; il est encore jeune, puis où le mettre ? »

Il se promenait dans le jardin et examinait le moyen d'être utile à son neveu, lorsque Mme de L. l'appela. Il fut très-surpris lorsqu'elle lui dit : « Je viens de penser à votre neveu ; puisqu'il veut être *ébéniste*, proposez-le à Julien, le menuisier de M. Pommier, comme apprenti. »

Auguste ne connaissait guère Julien, il l'avait vu une fois ou deux ; mais sur la recommandation de Mme de L. il voulut bien se charger de Norbert. Les conditions furent ainsi arrêtées : trois mois d'essai, pendant lesquels il se nourrirait. Au bout de ce temps, si le métier lui convenait, il serait nourri, blanchi, raccommodé; il donnerait trois ans et paierait 300 fr.

Norbert entra le jour même chez Julien. Les premiers mois après le temps d'essai, car le marché fut conclu, on commença à le taquiner sur ses idées religieuses, et le maître se fit un plaisir de l'envoyer, chaque dimanche, soit d'un côté, soit de l'autre, sous prétexte d'affaires. L'enfant en conçut du chagrin ; mais le désir de réussir le retint ; puis n'étant pas sûr que son maître le dérangeât exprès, il supposa des motifs réels.

Malgré ces contrariétés, Norbert restait ferme et donnait quelque espérance, lorsqu'un incident manqua d'arrêter ses progrès.

Mme de L. tomba malade ; au bout de huit jours, malgré les secours d'un médecin distingué, elle succomba d'une hydropisie. Depuis la mort de son mari, elle n'avait jamais joui d'une *bonne santé* et le chagrin avait miné ses forces. Dire la douleur d'Auguste et de Mélanie est chose impossible; ils la pleurèrent comme une mère.

Les héritiers, qui étaient assez nombreux, crurent devoir vendre le château et par cette raison donnèrent congé aux vieux serviteurs. De plus, comme il se trouvait quelques dettes, ils firent réduire les deux rentes assignées l'une

3

à 400 et l'autre à 300. Cette réduction n'empêcha pas ces fidèles domestiques de faire dire des messes pour le repos de l'âme de leur maîtresse. Il est donc vrai de dire que les bons serviteurs remplissent moins leurs devoirs par intérét que par attachement; mais ces exemples sont devenus rares, et le progrès moderne n'est pas en faveur de cette fidélité et de ce dévouement.

On pensait dans le pays que l'acquéreur garderait Auguste et Mélanie; il n'en fit rien; c'était un homme ne connaissant guère que l'or ; il lui semblait qu'avec cela on a tout, et il suffisait qu'on lui recommandât une personne à cause de ses principes religieux pour qu'il s'en défiât. Il ne comprenait pas que la foi pût servir à rien.

Avec ces idées, tout se réduit à la crainte des hommes ; mais comme la loi est souvent impuissante à prévenir et même à arrêter le crime, le méchant conclura qu'il doit faire le mal quand il le peut.

Auguste, attaché à un pays où il vivait depuis tant d'années, et où on l'aimait, loua une petite maison; seulement n'ayant rien devant lui, le léger revenu de 400 fr. ne lui permettait guère de soutenir son neveu. Malgré cela cependant il faudra trouver 300 fr.

Il s'imposa dans ce but de nombreuses privations ; elles l'affaiblirent et peu à peu on le vit décliner. Norbert était trop jeune pour apercevoir du changement dans la santé de son oncle; seulement il ne comprenait pas pourquoi il ne venait plus le voir chez son maître. Celui-ci se gardait bien de lui en parler et se réjouissait de l'occasion qui pourrait s'offrir de résilier son marché. L'enfant lui était devenu odieux; il n'avait point de reproches à lui adresser; mais il ne le molestait pas moins et faisait son possible pour le dégoûter. Le motif de cette haine venait de l'affection et de l'intérêt que beaucoup lui montraient. Norbert en effet par sa douceur, sa bonté, sa complaisance et son habileté, était devenu l'ouvrier que tous voulaient avoir chez eux, quand il s'agissait de petits ouvrages. Julien craignant que son élève ne fît trop de progrès et ne devînt un ébéniste supérieur à lui, le laissa ignorer mille choses; mais Norbert jetait les yeux à la dérobée sur les ouvrages du maître, examinant son mode d'exécution et le gravait dans son esprit.

IX. RENVOI.

Il y a déjà plus de deux ans que Norbert est en apprentissage ; le maître, outre le peu de soin qu'il a mis à lui apprendre le métier, profite d'une occasion pour le renvoyer.

Auguste est malade, il est à l'extrémité; Mélanie, la vieille cuisinière, ayant obtenu la permission du fermier du château, car c'est elle qui depuis la mort de la femme de celui-ci, tient le ménage, se présente chez Julien et annonce à Norbert que son oncle est mourant. L'enfant court aussitôt, oublie de demander la permission et même reste deux jours absent.

Julien aurait dû comprendre que si Norbert avait quitté l'atelier sans songer à cela, la position où se trouvait son oncle devait l'excuser. Quand celui-ci fut mieux, ce qui ne tarda pas, grâce aux bons soins qu'il avait reçus depuis peu, Norbert revint à l'atelier ; mais Julien lui dit : Allez-vous-en, vous ne travaillerez plus ici et ayez soin de m'apporter dès aujourd'hui 200 fr. L'enfant eut beau se jeter à ses pieds et demander pardon, tout fut inutile.

Norbert s'en retourna chez son oncle, les yeux remplis de larmes. Quand celui-ci le vit si triste:

Ne pleure pas, dit-il; je suis bien mieux, déjà même je commence à me lever.

— Je le vois, mon oncle, Dieu merci ; mais j'ai une mauvaise nouvelle à vous apprendre : Julien m'a renvoyé, parce que je ne lui ai point demandé permission de venir ici ; dès qu'on m'a dit que vous étiez malade, j'ai quitté sans penser à rien.

— Tu as eu tort, enfant; mais je ne vois pas grand mal, il faudra bien qu'on cherche ailleurs.

— Oui, mais il exige 200 fr. aujourd'hui.

— 200 fr. ? je ne les ai pas ; j'ai pourtant bien économisé. Norbert, ajouta-t-il, ouvre ce tiroir et compte combien il s'y trouve.

— Mon oncle, il y a 150 fr.

— J'ai encore 10 fr. ailleurs ; il ne manque donc que 40 fr. —

En ce moment Mélanie entra.

— Savez-vous, dit Auguste, que Norbert est obligé de sortir de chez Julien ?

— Pourquoi ?

— Parce que lorsque vous êtes allée le chercher, il est parti sans le prévenir.

— Tant mieux. C'est un bien mauvais homme, comment ce pauvre chéri a-t-il pu rester si longtemps ? Il avait l'air de rire quand j'ai annoncé votre maladie ; je suis sûre qu'il le martyrisait. Tant mieux !

— Mais Mélanie, il y a un embarras; il exige de suite 200 fr.

— Il y a assez de deux ans ainsi passés, n'est-ce pas, mignon ? —

Norbert ne répondit que par ses soupirs.

— Mélanie, reprit Auguste, il me manque 40 fr.

— Pourquoi faire ?

— Pour compléter les 200 ?

— Où avez-vous donc trouvé le reste ?

— Chaque jour j'ai retranché sur mes dépenses en disant : C'est pour payer l'apprentissage de Norbert.

— Maintenant voilà l'explication : je ne suis plus étonnée de votre maladie. Si vous étiez venu à mourir, que serait devenu votre neveu ?

— Le bon Dieu ne l'a pas voulu. Mais il faut payer cet homme.

— Puisque c'est lui qui le renvoie, il ne peut être si exigeant. Je crois que si vous résistez, il perdra.

— Non, il ne le faut pas.

— Vous êtes trop bon ; si c'était moi , cela marcherait autrement ; mais enfin je vais vous chercher ces 40 fr., il m'en restera encore 10, et c'est assez pour mes besoins du moment.

Mélanie alla chercher les 40 fr.; on les joignit aux 160; elle porta le tout à Julien. Celui-ci fut très-surpris de recevoir la somme et donna quittance.

Mélanie prit les effets de l'enfant et dit à Julien avant de sortir :

— Vous avez mal agi envers Norbert ; je ne crois pas que cela vous soit avantageux , car le bon Dieu punit ceux qui font mal.

— Ah ! oui, le bon Dieu s'occupe bien de tout cela; allez-vous-en donc avec votre petit dévot; je n'aime point ces gens-là : ils m'ennuient avec leur religion. Je n'en étais pourtant pas mécontent.

— Alors de quoi vous plaignez-vous ?

— Ce n'est pas mon idée.

— Je vous plains beaucoup. —

Mélanie sort en disant cela. De retour chez Auguste : Vous aviez raison, il ne convenait pas de faire rester votre Norbert plus longtemps chez ce méchant.

X. VOL.

Mélanie avait dit vrai. Deux jours après le départ de Norbert, au moment où on était très-embarrassé pour le placer ailleurs , car on ne voulait point l'éloigner , le propriétaire du château pour lequel travaillait Julien , l'appela et lui dit :

— Julien , voilà ce que je vous dois , vous ne serez plus notre fournisseur.

— Comment cela, Monsieur ?

— Parce que je ne suis pas content de vous ; les divers mémoires que vous m'avez présentés ne sont point justes et il y a même des articles portés deux fois ; je n'en ai rien dit jusqu'ici, mais il faut une fin à tout : vous venez aussi de vous conduire si mal vis-à-vis du petit Norbert, que j'en suis indigné.

— Mais, Monsieur, je n'ai rien à me reprocher, il s'est absenté deux jours sans m'en prévenir.

— Je le sais, mais aussi je connais le motif.

— Je vois d'où cela vient : les dévots ne m'aiment pas, ils m'auront noirci sans doute.

— Vous savez pourtant que je ne les fréquente pas ; mais quand il s'agit de justice, je veux qu'elle soit gardée.

— Comme cela, il est décidé que je ne reviendrai plus ici.

— Oui.

— Bonjour, Monsieur.

— Bonjour, Julien.

— Brigand de bourgeois, murmura-t-il en s'en allant, moi qui croyais lui plaire en agissant comme j'ai fait, je l'ai entendu tant de fois parler mal des prêtres ; malgré cela cependant il est juste. —

M. Pommier était en effet très-indifférent pour les choses religieuses et se permettait même des railleries, mais n'aimait pas qu'on blessât personne. Assez obligeant d'ailleurs et instruit, on pouvait espérer qu'il reviendrait aux vrais principes.

Sur ces entrefaites, Laurent, ouvrier habile fut appelé. Il serait entré plus tôt ; mais il n'était dans le pays que depuis peu ; on ne le connaissait pas assez. Auguste qui se levait déjà, se traîna comme il put jusques chez lui et proposa son neveu.

— Cela me serait difficile, répondit Laurent, parce que je n'ai pas encore beaucoup d'ouvrage; d'un autre côté il faut que je m'assure auparavant de ce qu'il sait.

Après quelques paroles échangées de part et d'autre, il fut convenu que Norbert entrerait le lendemain ; on remit à plus tard les conditions. — Laurent, homme consciencieux, doux et humain, se montra bien disposé ; mais il s'aperçut que l'apprenti connaissait peu de choses ; cependant tenant compte des bonnes dispositions qu'il remarquait, il consentit à le perfectionner, à condition de deux ans d'apprentissage. Auguste et Norbert acceptèrent. Laurent s'engageait en outre à nourrir l'enfant et à l'entretenir.

Sans bien pratiquer la religion, Laurent la

respectait ; pour tout au monde , il n'aurait pas voulu blesser les idées de son élève sous ce rapport ; il lui laissait donc liberté entière et disait même souvent : « Que deviendrions-nous , nous autres patrons , si les apprentis et les ouvriers n'avaient aucun principe ? Nous ne pourrions plus être obéis ; j'aime mieux un enfant comme Norbert : je n'ai pas besoin d'être ici pour qu'il travaille et je suis sûr de lui.

Norbert fit de si rapides progrès qu'au bout d'un an il savait travailler parfaitement , en sorte que son maître en fut surpris. — Content de lui et voulant l'encourager, il lui donna quelque chose chaque semaine.

L'enfant , d'après l'avis de son oncle , mettait de côté toutes ses épargnes et n'y touchait absolument que pour acheter les objets indispensables ; à la fin de l'année il avait realisé une centaine de francs.

Cependant Julien, jaloux de ce qu'on rapportait sur les talents de Norbert et de la confiance qu'on avait en lui , trouva occasion de s'introduire dans l'atelier de Laurent, dans l'intention de faire passer l'enfant pour voleur. — Sachant que Laurent était absent pour plusieurs jours , et que Norbert travaillait au château, d'où il ne revenait que le soir, vers dix heures, il entra sur les huit heures et demie dans la maison , au moyen de fausses clés , ouvrit le tiroir d'une commode , enleva une somme de 250 francs , pour faire tomber la faute sur Norbert , mit cent francs qui s'y trouvaient en un billet de banque dans le paletot de l'apprenti, et emporta les 150 autres.

Il se proposait ainsi de faire renvoyer Norbert , ce qui arriva en effet plus tard : mais , comme dit l'Ecriture : *il tomba lui-même dans la fosse , incidit in foveam quam fecit.* Heureusement Norbert resta au château jour et nuit pendant l'absence de son maître , et comme Laurent était parti le dernier , la justification devenait plus facile.

Laurent après son retour , ne s'aperçut pas de suite du vol, il n'avait point eu besoin d'argent ; d'un autre côté , il en avait ailleurs , et les 250 fr. étaient pour lui une réserve.

Norbert ne rentra à l'atelier que le surlendemain de l'arrivée de son maître , il lui dit : J'ai cru bien faire de rester au château, on m'en a prié ; mais vous n'allez pas vous en repentir ; M. Pommier m'a remis 30 fr. de gratification pour vous et 10 pour moi ; voilà.

Laurent satisfait porta les 30 fr. avec les 250 qu'il croyait encore à leur place ; mais il eut beau chercher , il ne trouva rien. Triste , désolé , il rentre dans l'atelier , et , sans adresser un seul mot se mit au travail. Norbert le voyant tout changé, s'imagine que c'est fatigue; il lui dit alors : « Patron , êtes-vous malade ? contre votre habitude vous ne parlez point.»

— Je ne suis point malade , Norbert , mais il y a quelque chose qui m'attriste.

— Quoi donc ?

— Je ne puis te le dire , cela te ferait de la peine.

— Comment vous ne pouvez me le dire ; serait-il arrivé quelque chose à mon oncle ?

— Je ne crois pas ; mais il y a ici des voleurs.

— Que dites-vous là ?

— Je dis que j'ai été volé : j'avais 250 fr. dans telle commode ; avant mon départ ils y étaient encore ; lorsque j'ai porté les 30 fr. que tu viens de me donner pour les mettre avec les autres , plus rien. Cependant tout est en ordre , point de fracture.

— Ah ! mon pauvre maître ; vous me cassez les bras ; quoi ! on vous a volé ?

— Et le voleur , Norbert !

— Vous le connaissez ?

— Non , mais qui a pu entrer ici, sinon toi?

— Vous me soupçonneriez ?

— Non pas précisément; mais.....

— Il n'y a point de mais ; vous allez venir

avec moi au château ; vous savez que vous êtes parti le dernier , et si on ne vous assure pas que j'y suis resté jour et nuit , vous penserez alors ce que vous voudrez.

Le concierge en effet et Jean , le cocher , affirmèrent positivement que Norbert n'avait point quitté, et, sans savoir le motif pour lequel on les interrogeait , firent l'éloge de l'ouvrier.

Laurent ne fut pas tout-à-fait convaincu ; mais il pensa que quelqu'un pouvait savoir où il mettait la clef et par là même entrer facilement. — Comme le temps avait été très-pluvieux , et que c'était le motif pour lequel son ouvrier était resté au château., il examina avec soin dans le jardin et dans la cour s'il ne découvrait pas l'empreinte d'un pied étranger.

Les voleurs ne pensent pas toujours ce qui peut arriver : Julien n'a point pris garde que par le temps qu'il faisait, ses souliers pouvaient le trahir à leur grandeur démesurée : il avait en effet le pied très-grand ; mais il s'en trouvait d'autres dans le village.

Laurent conçut donc quelque soupçon sur Julien ; mais comment le souçonner capable d'une telle bassesse ? « Je n'ai point à me plaindre de lui, disait-il ; nous sommes en bons rapports ; je sais qu'il a de mauvais principes et tient de mauvais discours ; mais il y a encore loin de là au vol.

— J'attendrai. —

Le surlendemain , jour de dimanche , quand Norbert prit son paletot , quelle ne fut pas sa surprise de trouver dans une des poches un billet de banque de 100 francs ! Il le porta de suite à son maître ; celui-ci l'examina et dit : C'est peut-être le mien , car javais 150 fr. en argent et le reste en un billet ; où est donc ce qui manque ?

— Je n'en sais rien , répondit Norbert. —

— Tu n'en sais rien ! Les 150 qui manquent, il faut que tu me les donnes , je ne puis accuser que toi du vol.

— Ah ! Monsieur , dit Norbert, en pleurant, pour qui me prenez-vous ? Non , je n'ai point votre argent ; fouillez partout , je ne possède que celui que vous m'avez donné et je vais vous dire comment je l'ai encore. — J'ai épargné , le tout se monte à 120 fr. : prenez-les, si vous voulez , je n'y tiens pas ; mais ne m'accusez pas.

— Je n'en veux point : il me faut tout.

— Puisque je vous dis , maître , que je n'ai rien pris , vous me devez croire. Retenez-moi les 30 fr. qui manquent sur l'ouvrage que je ferai , je le veux bien encore ; mais ne me regardez pas comme criminel. —

— Non , tu partiras dès demain et je garde les 120 fr.

— O Marie , s'écria Norbert, vous qui ne m'avez jamais abandonné , venez à mon secours ; aidez-moi à prouver mon innocence !

— C'est bien de prier ; mais quand on est coupable , la prière n'est guère écoutée.

— Il en serait ainsi de moi, répondit Norbert, j'aurais un motif de demander pardon , mais je ne l'ai pas. —

Le lendemain Norbert sortait de chez Laurent.

XI. LES DEUX ÉPOQUES.

On peut dire qu'il n'y a généralement que deux époques importantes dans la vie; le baptême et la première communion. Certes on pourrait y joindre le mariage ; mais nous n'en dirons rien ici, ayant traité ce sujet dans l'*Oncle Nicolas.*

L'homme qui vient au monde , comme fils d'un tel et d'une telle, unis devant Dieu et devant la loi, n'a point besoin du baptême pour jouir plus tard du titre de citoyen français ; ainsi le porte notre législation. Cependant, si par hasard ses parents ne se souciaient pas qu'il reçût ce sacrement et même , chose rare, s'y opposaient , quel avantage la naissance lui apporterait-elle ? Supposons-le appartenant à une famille riche et puissante : nous osons dire néanmoins qu'il vaudrait mieux pour lui *n'être jamais né.*

Sans le baptême, en effet, il n'est qu'homme. Sans le baptême, point de consolations ici-bas, point d'espérance dans l'avenir.

Par le baptême, le titre de chrétien ou d'enfant de Jésus-Christ, se trouve imprimé dans l'âme et donne droit à l'héritage céleste. Il donne droit aussi à celui de l'Eglise ; on devient son fils, on participe à ses grâces et à ses sacrements.

Qu'elle est belle la cérémonie du baptême ! Qui n'a pas été frappé du changement que la grâce a dû produire ? Sans doute aux yeux de l'homme sans foi, il y a peu dans ce sacrement; mais celui qui réfléchit est forcé de reconnaître que s'il n'y a point de faute originelle, tout devient mystère inexplicable ; impossible alors de concilier la dégradation de notre nature avec la bonté et la justice divines.

Outre la paternité de Dieu et le titre d'héritier céleste imprimé dans l'âme, l'Eglise nous donne un parrain et une marraine, qui prennent l'engagement de nourrir en nous l'esprit, comme le père nourrit le corps.

Tout est frappant dans la cérémonie : et le sel qui est mis dans la bouche de l'enfant pour indiquer la sagesse ; et les nombreux exorcismes pour chasser les esprits malfaisants ; et le signe de la croix imprimé sur le front ; et la profession de foi , et les onctions avec l'huile sainte ; et l'eau versée sur la tête ; et l'habit blanc, marque de la pureté de l'âme ; et le cierge allumé , signe d'une lumière nouvelle qui est venue l'éclairer. La cloche qui va sonner invite la famille chrétienne à se réjouir, parce qu'un nouveau membre vient d'entrer dans son sein.

— Qu'elle est touchante la cérémonie de la première communion !

Nous pouvons dire qu'elle est une des affaires les plus importantes de la vie. Une première communion bien faite a une grande influence sur toute la vie , parce que l'âme de l'enfant reçoit alors ces impressions religieuses qui se gravent profondément dans l'esprit et y demeurent toujours. Si plus tard il s'égare, il se rappellera ce qu'il doit à Dieu , à ses semblables et ce qu'il se doit à lui-même. L'expérience constate que la première communion mal faite a toujours un effet funeste sur le reste de la vie.

Léa avait douze ans ; elle allait s'approcher pour la première fois de la table sainte. Quoique préparée de bonne heure pour cette action mémorable , M. le curé ne voulut pas l'appeler avant l'âge requis.

Léa avait principalement la dévotion du cœur, la piété qui est l'âme de la religion et des obligations chrétiennes. Quels sentiments ne montra-t-elle pas ! Tous furent frappés de sa tenue, et on peut dire qu'elle surpassa les autres jeunes filles de l'école par sa ferveur et sa modestie. Que de grâces dûrent descendre dans son cœur ! Que de bénédictions sur son frère ! Elle n'oubliait pas non plus ses bienfaiteurs et encore moins les âmes de ses parents.

Tous connaissent la cérémonie de la première communion : il serait donc superflu de la décrire ; qu'il nous soit permis de dire qu'on la revoit toujours avec plaisir et qu'elle a pour tous les âges quelque chose qui va au cœur. Elle rappelle une époque précieuse, et souvent nous avons entendu des hommes qui ne pratiquent plus, s'écrier : Où est le temps où nous étions comme cela ?

— Mon enfant, dit sœur Lucie à Léa, le soir de cette fête, vous vous êtes tenue parfaitement ; à partir d'aujourd'hui vous devenez une grande fille : vous n'irez plus aux champs ; vous resterez entièrement aux classes pour vous perfectionner, et plus tard vous serez peut-être...

—Je serai sœur, dit Léa.

XII. ÉPREUVES.

Léa eut dès ce jour l'idée de se faire religieuse. Pour arriver à ce but, elle ne négligea rien pour son instruction ; seulement elle s'attristait parfois, se désolait même et se demandait comment elle pourrait y arriver.

— Je n'ai point de fortune, s'écriait-elle ; les couvents ne sont pas riches, et bientôt je ne serai plus une petite fille ; que faire ?

Sœur Lucie l'entendait et lui dit : « Soyez tranquille, Léa, quand le bon Dieu nous appelle, il nous donne facilité de réussir ; il se trouvera sans doute pour vous, comme cela est arrivé pour d'autres, des personnes qui s'occuperont de votre avenir. J'en ai connu plusieurs parmi nous dont les parents n'avaient rien ; la Providence a pourvu à tout.

Sans faire connaître ses intentions et surtout pour mieux étudier la vocation de Léa, la sœur ajouta : Travaillez toujours selon l'idée que vous avez ; priez le Seigneur, et remettez vous-en à lui pour le reste.

Ces paroles rassurèrent Léa et l'encouragèrent. Elle fit de si grands progrès qu'au bout de trois ans on la jugea capable d'aller à E.

Mais il fallait que comme son frère elle subît une épreuve.

Elle devait partir sous peu pour la communauté, lorsque sœur Lucie tomba malade. Dire la peine qu'en ressentit Léa et les soins qu'elle voulut donner à celle qui lui avait servi de mère, est chose impossible. La maladie fut rapide, sa marche insidieuse, en sorte que les médecins ne purent la maîtriser. Sœur Lucie succomba au bout de six jours.

Les autres sœurs, l'école et toute la paroisse furent en deuil ; des malades qu'elle avait soignés, voulurent se lever et se faire mener à l'église ; les prières furent interrompues par les sanglots et quand on la descendit dans la fosse, tous s'écrièrent : C'était une sainte. Plusieurs même, pendant la cérémonie funèbre, étaient venus faire toucher quelques objets à son cercueil, dans la persuasion que cela pouvait leur porter bonheur.

Il est donc vrai que celui qui meurt en Dieu est heureux et que son nom ne mourra point. Chacun se plaît à dire ses louanges, à raconter ses vertus. La mort de sœur Lucie avait été douce et résignée comme sa vie. En recevant le viatique, elle avait eu comme une vision anticipée du ciel.

Léa découragée le fut encore bien plus, lorsque

les autres religieuses reçurent une nouvelle destination. Elle loua une petite habitation en attendant l'appui de Dieu, et elle gagna sa vie comme couturière.

XIII. OUVRIÈRE EN ROBES.

L'ouvrière, dans les campagnes surtout, se trouve souvent dans une situation difficile. Pour vivre, il lui faut partir de bonne heure, marcher dans des chemins boueux, être exposée à la pluie, à la neige, au froid et à la chaleur, aller quelquefois très-loin et toujours rentrer tard. Presque chaque jour changement de maisons, de nourriture et de visages. Léa était encore jeune; il lui semblait dur dès le principe de mener ce genre de vie : mais il y avait nécessité, il fallut bien s'y soumettre.

Dans les premiers temps elle eut de la peine à trouver du travail ; mais petit à petit son habileté fut connue, et les bonnes maisons principalement voulurent l'avoir. On remarquait chez elle tant de retenue, d'application, qu'on la préférait à d'autres, et surtout parce qu'elle ne s'occupait jamais de personne. Elle ne parlait que pour répondre aux questions qu'on lui adressait, encore fallait-il qu'elle ne concernassent pas le prochain en choses défavorables.

On ne la vit point, comme cela se fait souvent, quitter des habillements simples et modestes pour prendre ceux du jour, et, sans se rendre ridicule, elle sut allier le bon goût à la simplicité. Les personnes pour lesquelles elle travaillait lui disaient quelquefois : « Mais, Mademoiselle, pourquoi ne suivez-vous pas les modes ? cela vous irait si bien.

— Je ne trouve pas que ce soit nécessaire pour être convenablement, au contraire ; j'ai souvent entendu se moquer des ouvrières qui portent la *crinoline*. Il vaudrait bien mieux, disait-on, avoir deux ou trois robes qu'une et surtout épargner. Quand une de nous se mariera, si elle a l'habitude de ces *exagérations*, sa toilette ruinera son mari.

On l'approuvait de parler ainsi et on disait qu'elle avait encore meilleure grâce que les autres.

Léa n'était pas sauvage pour cela ; elle assistait régulièrement à la messe, à vêpres, arrivait toujours de bonne heure, lisait dans son paroissien et se plaisait à suivre le chœur. Aux fêtes de la Vierge, elle prenait la robe blanche, qui lui rappelait de si beaux souvenirs ; elle aimait à porter la bannière de la confrérie, de tenir un des rubans et de chanter des cantiques. Elle communiait souvent ; mais ses dévotions terminées, elle ne refusait pas d'aller se promener avec ses compagnes et de prendre part à leurs jeux. La religion n'est pas ennemie de la gaîté ; seulement elle pose des bornes qu'il qu'il est toujours utile de ne point franchir.

Les assemblées ne la voyaient pas ; elle ne les blâmait point précisément, mais seulement les excès qu'elles causent, et remarquait que celles qui les couraient n'y gagnaient rien. En tout cas le motif qui y conduit les autres n'existait pas pour elle ; ne pensant point au mariage, elle ne cherchait point les occasions de se montrer. D'un autre côté, elle remarquait que souvent cela fait plus de tort à une fille qu'autrement ; de plus, pouvant se rendre témoignage d'une bonne action, elle en ressentait le plaisir et le remords ne venait point l'empoisonner.

Léa atteignait ses vingt ans. Plusieurs partis s'étaient présentés pour elle ; elle les avait refusés ; son idée première était la même ; elle avait mis quelque argent de côté ; elle le destinait à l'aider à entrer en religion. Elle fit alors en effet ses adieux aux familles qui l'occupaient, les remercia de leurs bons procédés, et alla frapper à la porte de la communauté d'E....

Une sœur vint la recevoir et lorsqu'elle eut

dit le motif qui l'amenait , on la conduisit auprès de la supérieure , qui reconnut vite une vocation. Après avoir lu ses certificats et ses noms et prénoms, elle lui dit qu'on la connaissait déjà , que feue sœur Lucie avait parlé d'elle et que ses notes étaient conservées.

— Entrez , ma fille, dans cette maison de prière , lui dit la supérieure ; une place vous y appartient : vous auriez même pu vous présenter plutôt.

— Madame , lui répondit Léa , je ne croyais pas pouvoir être religieuse sans apporter quelque chose en dot , car si toutes venaient ainsi , la communauté ne pourrait se soutenir ; puis dans ce retard , j'espère avoir éprouvé ma vocation.

— Vous ne seriez pas la première , mon enfant , que nous aurions prise sans dot ; vous pouviez donc nous arriver avant ce jour ; mais je ne vous blâme pas d'avoir pris le temps de réfléchir.

XIV. INNOCENCE ET PUNITION.

Norbert a quitté Laurent ; mais comme il ne veut pas encore s'éloigner de son oncle , il tâche de se caser dans les environs ; il attend que sa réputation soit rétablie et son innocence reconnue. Plein de confiance en Dieu et en la sainte Vierge ; il espère qu'il en sera ainsi.

L'appétit, dit le proverbe, *vient en mangeant*. Julien voyant qu'il avait réussi la première fois à commettre un vol, et se trouvant endetté, crut pouvoir recommencer.

Un de ses voisins s'était absenté ; il devait rester plusieurs jours. Il reçut en route contre-ordre par une lettre que lui remit le facteur ; mais ayant affaire à la ville, il y alla et ne rentra à son domicile que vers onze heures du soir. Par bonheur, il n'était pas seul ; ayant trouvé deux habitants du village, il les amenait chez lui pour leur offrir quelque chose. Sa surprise fut grande de voir la barrière du jardin ouverte ; il se défia, alla sans bruit pour prendre la clef dans l'endroit où il la mettait d'habitude ; ne l'y trouvant point, il fit le tour sur la pointe des pieds et à travers les jalousies crut apercevoir de la lumière. Au moment où il allait regarder, elle s'éteignit ; il pensa alors que le voleur allait sortir, accourut sans bruit se blottir avec les deux autres derrière un massif. Trois minutes après la porte roule sur ses gonds, est refermée doucement et la clef remise à sa place.

Ils reconnurent Julien, mais ne voulurent

point l'arrêter , ni même dire quoique ce soit, avant d'avoir constaté l'état des choses.

Ainsi que nous venons de le raconter ; la porte avait été ouverte avec la clef : point de fracture en dehors ; mais en dedans il avait forcé un tiroir. Il s'y trouvait une somme de 400 francs, dont moitié avait disparu. Probablement le voleur ayant entendu du bruit n'avait pas regardé dans tous les coins , car sans cela il aurait emporté le reste qui était en billets de banque.

Le lendemain , la gendarmerie avertie se présenta de bonne heure au domicile de Julien , fit des recherches et trouva parfaitement l'argent en question. On lui dit que cette somme n'était pas à lui , qu'il l'avait volée la veille, vers onze heures , que le propriétaire et deux de ses voisins rentraient au moment , qu'ils n'avaient voulu rien dire avant de savoir ce qui en était , qu'ordre était venu de l'arrêter.

Julien voulut nier ; mais ce fut impossible , l'évidence était là. D'un autre, côté des soupçons avaient, déjà plané sur lui ; Laurent sans l'accuser précisément, avait trouvé depuis peu chez lui une facture de Julien , et comme il ne savait pas d'où elle pouvait provenir , il croyait qu'il l'avait perdue dans la nuit où le vol s'était fait chez lui. Ce qui le confirmait dans cette idée , c'est que les pas remarqués dans le jardin de M. François étaient de la même grandeur que le sien.

Lorsque Julien fut arrêté, une personne qui jusque-là n'avait voulu rien dire, confirma le vol commis au préjudice de Laurent ; en effet elle passait au moment où Julien entrait dans le jardin, se cacha pour observer, le vit ouvrir la porte de la maison et y rester quelque temps. Elle ignorait seulement l'absence de Laurent.

— Pauvre Norbert, s'écria celui-ci, moi qui t'accusais ! je veux te dédommager. —

Il alla de suite trouver le jeune homme, lui fit mille excuses, et même lui donna une somme.

— Reviens chez moi, mon ami, lui dit-il, jamais je ne te ferai plus de peines, et je te protègerai. —

Norbert consentit. Sa réputation brilla d'un nouvel éclat. Julien, au contraire, forcé d'avouer ses torts, fut condamné à plusieurs années de prison.

Norbert appelé en témoignage, pour ce qui le concernait, n'accabla pas le malheureux, parla même en sa faveur, et par égard pour cette noble démarche, le jury se montra indulgent.

XV. MAISON OU ON NE SAIT PAS COMMANDER.

Norbert rentré chez Laurent , jouit entièrement de sa confiance , il le méritait bien ; mais celui-ci se fit un plaisir de lui être utile en toutes choses. Il l'envoyait souvent travailler à sa place dans les châteaux voisins , et cela à cause des gratifications qu'on y recevait et dont il voulait faire profiter son ouvrier.

Parmi ces maisons bourgeoises il s'en trouvait une où on n'en accordait guère et où on se montrait difficile. La confiance s'établissait peu; les ouvriers étaient mal-menés et renvoyés pour la moindre des choses. Il en était de même pour les domestiques ; ils changeaient à chaque instant : aussi nul n'avait de respect pour les maîtres et ne prenait leur intérêt. Comme on ne tenait pas aux principes religieux , qu'on s'en moquait au contraire , c'était un prétexte pour les serviteurs de *faire danser l'anse du panier.* Aucune intimité ne s'établissant de part et d'autre, il y avait défiance continuelle. L'exigence était si grande, qu'on refusait aux domestiques certaines choses nécessaires , et on les rendait responsables de la perte des plus petits objets.

Traités sans égards, les domestiques n'avaient

aucun respect pour les maîtres , et en leur absence ils en parlaient mal. Ceux-ci cependant, malgré leur exigence , étaient parfois assez obligeants : seulement ils s'y prenaient mal pour *se faire obéir*.

Norbert lui-même, quoique étranger sous certains rapports, n'était pas exempt de tracasseries; on le traitait de dévot, de fainéant, parce qu'il ne voulait point travailler le dimanche. Malgré cela cependant, comme il ne se plaignait jamais et ne disait rien contre les maîtres, ceux-ci le préféraient à d'autres.

Ces maîtres ont tort, se disait Norbert : s'ils s'imaginent que par leur exigence , leur défiance , leur surveillance excessive , ils seront mieux servis , ils se trompent. Les ouvriers et les domestiques ont droit à des égards et quand on en manque envers eux , on leur donne un mauvais exemple, tout en étant injuste.

Pour que tout fût bien , il faudrait le sentiment religieux ; hors de là on ne sait plus où s'arrêter; les droits se trouvent méconnus et des empiètements s'établissent en sens divers. La fortune n'imprime donc pas le respect ; elle n'inspire qu'une certaine crainte des inférieurs devant les supérieurs; mais dès que les premiers ont occasion de se dédommager , ils en usent largement.

Disons aussi, pour être justes, que beaucoup de domestiques laissent à désirer et servent sans affection. Comparons ceux de notre temps à ceux du passé, quelle différence ! Norbert resta donc l'ouvrier de cette maison ; il n'eut point à s'en repentir : si d'un côté on se montrait difficile, on finit par lui faire quelques générosités.

XVI. PARIS.

Norbert compte 21 ans ; il a tiré au sort, il a porté un bon numéro. Il prend alors la résolution de partir pour Paris, dans le but de se perfectionner.

Laurent, auquel il fait part de son projet, l'engage à rester ; mais comme son oncle l'approuve et avoue que c'est utile de voyager, il le laisse libre d'agir à son idée.

« Mon ami, lui dit-il, je me décide à grand regret à me séparer de toi ; je t'aimais beaucoup ; si je t'ai fait de la peine, j'en ai gémi souvent. J'ai des connaissances là-bas : le patron chez qui je travaillais me portait intérêt ; je vais te donner une lettre de recommandation : tu seras bien accueilli. Ecris-moi de temps en temps et, si tu as besoin de moi, tu me trouveras toujours prêt à t'être utile ; tiens, voilà pour le voyage. Il lui donnait 150 fr. qui lui étaient dûs.

Les adieux entre l'oncle et le neveu furent des plus touchants ; non-seulement Auguste l'engagea à être toujours fidèle à ses devoirs, mais lui montra aussi les inconvénients qu'il pourrait rencontrer auprès des autres ouvriers; que sans être sauvage, il ne faudrait pas se montrer dans toutes leurs parties, parce que souvent ils allaient boire et manger dans un jour le fruit d'une semaine, sans parler des autres circonstances qui se présenteraient. Je compte, lui dit-il, sur ta sagesse et principalement sur le secours de Dieu qui ne te fera jamais defaut.

Norbert laissa à son oncle la somme de 300 fr., garda pour lui à peu près autant et partit à pied pour Paris. Il fit ainsi quelques lieues, prit le chemin de fer à la station voisine ; au bout de quatre heures il entrait dans la capitale, et louait un fiacre pour le conduire à l'adresse du patron indiqué par Laurent. Il fut très-bien reçu et on lui dit que le lendemain il pourrait venir à l'atelier.

Pendant les premiers jours il fallut payer la bienvenue; il se garda de dire qu'il avait quelque argent à sa disposition; car, suivant la coutume, on ne l'aurait point lâché que tout n'eût été dépensé. Quand même il eût eu cette intention, la nécessité l'aurait forcé de compter avec elle; pendant plusieurs mois il devait peu gagner; un provincial, en arrivant à Paris, a pour habitude de faire apprentissage. Le patron, heureusement bien disposé, le confia à un ouvrier chef qui le mit à l'établi; on n'eut bientôt qu'à se louer de l'aptitude du Manceau.

Il est d'usage, chez les ouvriers, de donner à chacun le nom de la province à laquelle il appartient; ainsi celui qui sera né en Normandie s'appellera Normand; en Picardie, Picard; en Anjou, Angevin.

Au bout de trois mois, Norbert était déclaré ouvrier. Ce fut l'occasion d'une fête.

Les travailleurs se rendirent donc à la barrière, le dimanche soir, et là, suivant l'usage, il y eut force rasades. Norbert, qui ne connaissait point encore les excès dans lesquels les ouvriers donnent malheureusement, ne s'aperçut point des inconvénients qui en résultent; au contraire, il trouva la société amusante, les chansons et les danses assez gaies, et peu à peu on alla si loin, on but tant qu'il se grisa et passa la nuit entière avec les autres. Le lendemain il resta toute la journée à boire de nouveau et à se griser.

XVII. LE LUNDI.

Celui qui a voyagé et étudié les mœurs des classes ouvrières, a compris bien vite qu'il y a chez elles un grand désordre auquel il serait utile de remédier. L'homme a besoin de repos; il ne peut demeurer continuellement au travail, à moins d'user promptement son organisation et son esprit.

L'ouvrier ne va point généralement à la messe, le dimanche ; on le fait travailler jusqu'à midi, peut-être même plus tard, en sorte que le soir et surtout le lundi, il s'en va faire, comme il le dit lui-même, *la noce* : triste noce que celle-là, car elle conduit au désordre.

Celui qui n'a rien devant soi et tombe malade, se voit contraint d'aller à l'hôpital; celui qui est marié réduit sa femme et ses enfants à la misère, rentre chez lui sans l'argent nécessaire pour acheter le pain, les vêtements, le bois ou le charbon, payer le terme; il est exposé à se voir renvoyé de l'appartement qu'il occupe sans savoir comment en trouver un autre.

Encore heureux quand on ne se bat pas et que la police n'est point obligée d'intervenir, car quelquefois il est arrivé à plusieurs de rester prisonniers pour un mois ou deux et peut-être même davantage.

Le tableau des excès du lundi parmi la classe ouvrière ayant déjà été tracé par plus d'un moraliste, nous nous bornons à ces considérations générales. Nous ajoutons seulement qu'il faudrait que, dans tous les ateliers, la latitude fût laissée le dimanche d'assister à la messe et que les patrons y encourageassent.

L'homme, dit l'Ecriture, ne vit pas seulement de pain; il faut aussi quelque chose à son âme; si l'ouvrier n'entend jamais un mot de morale, n'est jamais fortifié contre la pensée de sa condition inférieure qui s'élève nécessairement au fond de son cœur, il est bien près de donner dans ces utopies d'*âge d'or*, rêvé par tant d'autres et qui consiste à vivre sans rien faire.

Ne l'oublions pas, notre société a plus que jamais besoin de répéter souvent ce précepte si juste du Christ : *Vous aurez toujours des pauvres parmi vous.* Que les ouvriers se le rappellent, il y aura même entre eux des inégalités, inégalité de travail, inégalité d'honnêteté, inégalité d'économie et inégalité d'aisance. Celui qui est probe, laborieux et fuit les excès, ne trouverait pas juste de se voir assimilé à celui qui vit sans ordre aucun et obligé de partager avec lui pour recommencer le lendemain. Nous le savons, la fortune n'arrive pas à tous, et il y en a plusieurs qui, malgré leur soin à économiser, ne peuvent réussir. Dieu a ses desseins; il ne nous est pas permis de les scruter; il est des âmes auxquelles il n'envoie que des épreuves ; peut-être se seraient-elles perdues sans cela. Constatons seulement que l'ouvrier honnête n'acquiert l'aisance que par un travail assidu et par l'économie.

Norbert en fit la triste expérience. Lui, si rangé auparavant, et qui avait l'habitude de l'économie, prit goût aux fêtes du lundi et en devint un des plus acharnés partisans. Lorsqu'il n'était qu'apprenti, les occasions avaient manqué; d'un autre côté, allant encore à la messe du matin, les bons conseils qu'il entendait conservaient ses principes. Aujourd'hui ces secours lui manquent; il travaille donc comme les autres pour gagner davantage et mieux avancer.

XVIII. QUATRE MOIS A L'HÔPITAL.

Il en fut ainsi pendant un an ; mais par la débauche sa santé s'altéra, et bientôt après, incapable de travailler , il se vit forcé d'entrer à l'hôpital. Contrairement à son habitude, il était endetté, et le soir même de son entrée à l'hospice, on retenait ses effets et on donnait sa chambre à un autre. Malgré les soins qu'on lui prodigua, il mit quatre mois à se rétablir. Sans garder le lit précisément, il était si faible, que le moindre choc suffisait pour lui ôter connaissance.

Cependant la lecture de bons livres et la visite des aumôniers lui rappelèrent de précieux souvenirs. Il voulut profiter de sa présence à l'hospice pour remplir le devoir de la confession, et il ne s'en fut pas acquitté, qu'il se dit à lui-même :

Comment ai-je pu tomber si bas et m'oublier à ce point? Vraiment c'est trop de sottise. Quand on n'a point recours à Dieu, de quels écarts n'est-on pas capable ?

Les avis qu'il reçut du directeur de sa conscience lui firent tant de bien, que de ce jour sa santé s'améliora sensiblement. Le mieux augmenta et il entrevit le moment où il lui serait permis de reprendre le travail. Une pensée vint l'attrister :

« Je dois, dit-il, et j'ai autorisé de vendre mes effets, si je n'étais pas libéré tel jour. Comment en avoir d'autres et où loger en attendant?»

Il se mit à pleurer. L'aumônier qui le connaissait et lui avait procuré des livres pour le distraire, étant venu lui en apporter un autre, le trouva tout en larmes. Il lui en demanda la cause. Norbert ne voulait rien dire; mais, sur les instances du charitable ministre, il lui raconta ce qui en était.

— Combien vous faudrait-il donc, lui demanda-t-il avec bonté ?

— 100 fr., répondit Norbert et encore il ne me restera rien.

— Si vous travaillez et si vous ne faites pas le lundi, seriez-vous longtemps sans les rendre?

— Non, monsieur.

— Cela suffit. Je n'ai pas tout, mais vais vous l'apporter. Il y a des âmes charitables qui mettent certaines sommes à notre disposition pour aider les ouvriers sans ouvrage ; seulement on ne fait que leur prêter, à moins qu'ils ne puissent absolument travailler; ensuite ce prêt n'est qu'en faveur de ceux qui ont véritablement intention de l'utiliser. Cette condition vous va-t-elle ?

— Oui, à merveille. —

Au bout de deux heures, l'aumônier remettait à Norbert, sans reconnaissance aucune, la somme de 160 fr. Vous la rendrez au plus tôt, lui dit-il; je m'en rapporte à vous, car vous me paraissez honnête.

Le surlendemain, sans avoir pu revoir l'aumônier, qui sans doute exprès pour éviter des remerciments n'était point entré dans la salle,

Norbert sortit de l'hôpital. Il se sentait en état de reprendre son travail et le médecin le lui avait dit.

Sous un rapport il était fâché d'y être resté quatre mois. Quatre mois de perdus, s'écriait-il ; mais aussi j'ai appris à mes dépens à ne plus écouter les camarades.

Lorsqu'il se présenta chez le concierge de la maison qu'il occupait et où il avait laissé ses effets, on eut de la peine à le reconnaître, tant il était changé. Il commença à payer les 100 fr. qu'il devait, et quand quittance lui eut été donnée, il demanda s'il pouvait reprendre sa chambre. On lui dit que depuis quelques jours elle était vacante, que celui qui l'avait remplacé était allé dans un autre quartier , mais qu'un autre était venu la demander.

— Comme il n'y a rien de fait, vous la garderez si vous voulez. —

— Je la reprends , dit Norbert.

On n'avait point vendu ses effets; ils lui furent remis. Norbert remercia le concierge et lui fit même une gratification , capable de l'intéresser en sa faveur.

XIX. CHANGEMENT.

Une heure après il était chez le patron et demandait s'il y avait du travail. Celui-ci lui dit : « J'avais confiance en vous, quand vous êtes entré; j'espérais que vous vous conduiriez mieux que les autres. Vous m'aviez été recommandé par M. Laurent que j'estime ; il m'avait donné sur votre compte les meilleurs renseignements: vous n'avez répondu ni à son attente, ni à la mienne ; bien plus, vous avez battu celui qui vous a perfectionné dans votre état et qui de son côté vous portait intérêt. Vous ne travaillerez point chez moi avant que je sache que vous devez mieux vous conduire. Cependant, eu égard aux nouvelles instances faites par M. Laurent, auquel j'ai écrit votre conduite, je veux bien vous aider auprès d'un de mes collègues. S'il est content de vous et que je vous voie répondre à ses soins, vous verrez qu'on ne perd pas à rester laborieux et économe.

» Allez donc dans la rue du Cherche-Midi, avec cette lettre : M. Lucas vous recevra bien.

— Je vous remercie beaucoup, dit Norbert ; je ne sais comment vous exprimer ma reconnaissance. Je suis corrigé, soyez-en sûr; j'avais eu le malheur d'oublier mes principes religieux ; je les ai repris à l'hôpital d'où je sors , depuis que vous ne m'avez vu , et grâce à Dieu , j'espère ne plus les abandonner.

— Je savais bien que vous étiez à l'hôpital et je tenais Laurent au courant de votre santé. Si vous êtes corrigé, tant mieux. Vous en donnerez la preuve, puis nous aviserons. »

M. Valentin avait une fille ; d'après les renseignements donnés par Laurent et ceux qu'on avait pris d'autre part , il pensait associer dans la suite Norbert à sa maison en en faisant son gendre. Il en avait parlé à sa Pauline, et celle-ci disait qu'elle ferait la volonté de son père. Mais le changement de conduite avait refroidi ces bonnes dispositions.

Norbert fut reçu chez M. Lucas et travailla dès le jour même. Quoique sa chambre se trouvât éloignée de son nouvel atelier , il la conserva néanmoins , à cause du bon voisinage de M. Valentin.

Obligé de payer la bienvenue , il le fit cette fois avec largesse, mais retenue. Le lundi matin il était à l'ouvrage, au grand étonnement du patron , qui n'avait guère l'habitude d'y voir les ouvriers. Il l'en félicita et lui dit qu'il avait raison.

— Je le sais bien, dit Norbert , je l'ai appris à mes dépens. J'ai pour principe à présent de me reposer le dimanche , d'aller aux offices, de me promener le soir et d'être à la besogne le lendemain.

Sans le louer de ses idées religieuses, ce qu'il ne connaissait guère, M. Lucas ne le blâma pas non plus.

XX. SCÈNES D'ATELIER.

Le mardi, lorsque les ouvriers entrèrent à l'atelier, ils dirent à Norbert : Vous nous avez bien régalés dimanche soir; mais on ne vous a point vu hier; où étiez-vous donc ?

— Je suis venu travailler. J'ai été malade, je me trouve en retard, j'ai besoin de me rattrapper.

— Pourquoi n'étiez-vous pas ici dimanche ? C'eût été un jour de plus.

— Je me repose ce jour-là; seulement, comme vous l'avez vu, cela ne m'empêche pas de faire la partie ; vous savez que j'ai tenu parole.

— Tout cela me surprend, dit l'un.

— Il va à la messe , dit l'autre.

— Et sans doute à vêpres, dit un troisième.

— Et à confesse donc.

— A bas le *jésuite*, s'écria un autre.

— C'est un *clérical*, je parie.

— Un espion. —

Ils se mettent à crier si fort, que Norbert craignit un moment d'être battu.

— Camarades, dit un ouvrier qui paraissait avoir une certaine autorité sur les autres, faut pas parler si haut ; on nous prendrait pour des *antipophages*.

— Dis donc *anthropophages*, interrompit un autre ; tu veux nous reprendre, et tu ne sais pas parler.

— Cela n'y fait rien ; toi, *blanc-bec*, je ne veux pas qu'on crie ainsi ; il a l'air bon enfant, pourvu qu'il régale de temps en temps, comme dimanche, c'est ce qu'il faut. Je vous ordonne de le laisser tranquille. —

Norbert ne fut pas quitte à si bon compte ; la guerre éclata plus d'une fois encore : mais comme il se montrait doux et prévenant, on finit par le prendre en amitié.

En effet un des ouvriers, celui-là même qui paraissait le plus acharné, étant tombé malade, Norbert partagea ce qu'il gagnait avec lui et l'aida à pourvoir à ses besoins.

L'indisposition ne dura que huit jours, il est vrai ; mais ce léger sacrifice suffit pour montrer aux autres ce qu'était Norbert. Dès-lors on ne lui dit plus rien.

Il se trouva bien avec eux, le dimanche soir, pour faire la partie, boire bouteille ; mais jamais d'excès, et il avait soin de rentrer de bonne heure.

Nous n'avons pas besoin de dire qu'il ne fut pas longtemps sans gagner la somme prêtée par l'aumônier. Il la lui reporta, le remercia et d'après les détails qu'il lui donna sur sa nouvelle manière de vivre, celui-ci l'embrassa et lui dit : Courage, Dieu vous bénira.

M. Lucas était attaché à Norbert au point d'en vouloir faire un contre-maître sous peu ; mais Valentin, qui se tenait au courant de tout ce qui concernait celui-ci, vint le redemander, sous prétexte que sa santé ne lui permettant pas de veiller sur ses hommes, il avait besoin d'un ouvrier comme Norbert. Lucas sachant qu'il devait beaucoup à Valentin, ne blâma point cette démarche ; seulement il engagea Norbert à venir le voir et lui donna une gratification. Il lui remit cent francs, en présence des autres ouvriers, pour reconnaître ses services.

XXI. BELLE ACTION.

Retourné dans la maison Valentin, Norbert retrouva quelques-uns des ouvriers qu'il avait connus ; mais les plus hardis buveurs n'y étaient plus. Ceux qui restaient croyaient qu'il viendrait encore s'amuser ; mais ils ne le virent point à l'atelier le dimanche et surent qu'il avait travaillé le lundi.

Le mardi , lorsqu'ils revinrent à l'ouvrage : L'ami, dit l'un d'eux à Norbert, on ne t'a pas vu dimanche ici.

— Non.

— Pourquoi cela ?

— Parce que je me repose ce jour-là.

— Et hier.

— Je travaillais.

— Comment ?

— C'est ainsi.

— En voilà une ! être en besogne le lundi ! je n'ai jamais vu cela; il n'y a que des dévots pour faire un coup semblable.

— Je n'y vois pas grande dévotion ; il suffit d'être raisonnable.

— Nous ne le sommes donc pas ?

— Je ne le dis pas ; seulement je me rappelle que quand je *faisais le lundi*, je n'y gagnais rien ; au contraire.

— Tu y perdais ?

— Une journée, et c'est déjà quelque chose.

— Faut donc vivre comme des ermites.

— Je ne demande pas cela ; mais moi qui m'amusais aussi bien que vous, je soutiens qu'en faisant le dimanche soir seulement , c'est suffisant et qu'on n'a pas deux jours perdus pour un. Au reste, c'est la consigne du grand maître ; il est juste d'obéir.

— *Nom d'un petit bonhomme*, que tu es devenu savant !

— Moquez-vous tant que vous voudrez ; si vous voulez réfléchir, je suis sûr que, tôt ou tard, vous vous rangerez de mon avis.

— Il finira par nous faire aller à confesse.

— Ce ne serait peut-être pas la première fois.

— Non, mais il faudrait *diantrement* remonter loin.

— Moi aussi je n'y allais plus ; maintenant je ne m'en trouve pas mal. —

Il manquait un ouvrier à l'atelier ; on ne s'en étonnait point, car chaque semaine il s'en trouvait dans ce cas-là. Au moment où ils parlaient ainsi, une femme entra et demanda Eugène.

— C'est mon mari, dit-elle : je ne l'ai point vu depuis dimanche matin ; je ne sais ce qu'il est devenu. Quelqu'un pourrait-il me donner des renseignements ? J'ai deux enfants, ils demandent du pain; depuis trois semaines je suis malade ; je n'ai rien. Ah ! que nous sommes à plaindre ! — Et elle pleurait.

— Ma petite dame, répond un ouvrier, votre mari était avec moi hier à la barrière ; il avait bu passablement : je l'ai laissé. Peut-être y est-il encore. Au moment où je partais, des querelles s'élevaient ; j'ai voulu l'emmener : inutile ; je crains qu'il ne se soit battu et qu'on ne le retienne au *clou*.

Ce que disait l'ouvrier était vrai ; le patron venait d'être averti qu'un de ses ouvriers était au violon, et il vint le leur dire en ce moment.

Lorsque la femme d'Eugène fut au courant et se disposait à sortir, Norbert lui dit : « Acceptez, je vous prie, cette pièce de cinq francs pour vos enfants. » Les ouvriers voulurent participer à cette bonne œuvre, et elle emporta une quinzaine de francs.

— Merci, mes amis, merci ; je n'oublierai pas ce que vous venez de faire.

— Camarades, dit Norbert, quand la femme fut hors de l'atelier, vous vous êtes bien montrés ; je paierai ce soir une bouteille. Voyez ce que c'est que de boire avec excès, de rester deux jours absent ? Vous ne pouvez pas dire qu'il a raison.

Les ouvriers ne répondirent rien.

XXII. CONTRE-MAITRE.

Cependant Valentin s'était de plus en plus attaché à Norbert ; bientôt il le nomma contre-maître, en remplacement de Lambert, qui venait de s'établir. Norbert fit des difficultés et refusa quelque temps; mais sur de nouvelles instances, il donna son consentement.

Pendant les trois ans que dura sa surveillance, le maître et les ouvriers n'eurent qu'à s'en louer. Il faisait des réprimandes suivant l'occasion, encourageait les belles actions, donnait à tous, de bons conseils.

— Mes amis, leur disait-il, j'ai été ouvrier comme vous, et je le suis encore ; si nous voulions être raisonnables, nous nous amuserions, mais en même temps nous garderions *une poire pour la soif.* Eugène n'est plus des nôtres, le patron n'a pas voulu le garder, voyez comme c'est triste. Que va devenir sa famille ? Voilà donc une femme malheureuse et des enfants mal élevés.

» Comparez ce ménage à celui d'Hippolyte, quelle différence ! Hippolyte boit un coup avec vous; il n'est pas sauvage : mais il passe une grande partie du dimanche avec sa Virginie et son Léonce. Vous l'avez vue ici le jour où son mari tomba malade, comme elle est douce, prévenante et comme son garçon est gentil ! Ne les avez-vous pas admirés aussi bien que moi ? Vous avez dit : le bon ménage ! En savez-vous la cause : ils sont chrétiens.

Un des ouvriers voulut se récrier et dit qu'on n'avait pas besoin de cela pour faire bon ménage ; les autres lui imposèrent silence.

Ainsi que nous l'avons dit, Valentin avait une fille ; il avait songé de la donner à Norbert : mais l'inconduite momentanée de celui-ci avait changé les dispositions, et on se trouva engagé, par les instances d'un ami, envers un autre.

Pauline épousa donc Gustave, et c'est lui qui peu de temps après remplit les fonctions de contre-maître. Norbert ne parut pas trop contrarié ; il n'avait point intention de se fixer à Paris : il pensait toujours à son pays natal et à la promesse faite à sa sœur d'y retourner. — Au moment où on le redemandait chez M. Lucas, il reçoit une lettre qui lui annonce que son oncle était dangereusement malade ; il s'empresse de quitter Paris et il se rend droit au village.

XXIII. LA MEILLEURE PART.

Il est temps de retrouver Léa que nous avons laissée entrant dans la communauté d'E. Elle a fait des progrès rapides dans la voie de la perfection, et elle a été jugée digne d'être reçue religieuse.

Il n'y a rien de touchant comme la cérémonie d'une prise d'habit. Nous ne la décrirons pas, parce que nos lecteurs en ont entendu parler ou ont été à même de la voir. Disons seulement qu'une fille qui, à un âge encore jeune et souvent en raison de sa fortune et de son rang, pouvant briller dans le monde, vient de son propre consentement dire adieu à tout, est un spectacle bien capable de toucher.

Qu'on n'aille pas croire que cet éloignement du siècle ait pour principe l'indifférence aux besoins des autres ; au contraire, il n'existe que pour s'y dévouer.

Pour qui en effet les sœurs se sacrifient-elles ? Pour les pauvres et les malades. Qui soigneront-elles ? tous ceux qui les appelleront. Dans nos campagnes comme dans nos villes, elles sont partout animées de l'esprit de Dieu et disposées à donner leur vie, si c'est nécessaire.

Celles qui ne sortent pas du cloître, mènent une vie d'égal sacrifice. Tant de personnes prient si peu, se livrent à tant de scandales, ignorent tant les lois de la pauvreté volontaire et de l'obéissance, qu'il est utile qu'il y ait au milieu de nous d'autres amis du Seigneur, pour lever les mains vers le ciel et détourner les fléaux qui nous menacent.

Au reste, de même qu'il y a des hommes qui

ne se marient pas., il en peut être ainsi de certaines femmes ; chacun a sa vocation particulière; tous n'ont ni le même don, ni les mêmes idées.

Que ceux qui ont des passions grossières ne comprennent pas le célibat, dans la vraie acception, ceci ne nous étonne point ; Jésus-Christ l'a dit : *omnes non capiunt, sed quibus datum est*. C'est une grâce spéciale ; l'Apôtre l'appelle un avantage ;. si une fille se marie, elle fait bien ; si elle ne se marie pas, elle fait encore mieux ; la raison, elle ne sera point partagée entre ce qu'elle doit à Dieu et à son mari.

Léa choisit donc la meilleure part ; elle prit Dieu pour son héritage, non pour s'exempter des sacrifices et des charges, mais pour devenir servante des autres.

Il coûte à la nature humaine de franchir ce pas, parce qu'on ne s'impose point une telle obligation sans y réfléchir ; mais lorsqu'il est fait, quel contentement on éprouve ! Il en fut pour Léa comme pour les autres ; elle se trouva si heureuse, que nous ne pouvons exprimer sa joie.

Nous aurions dû dire déjà que son oncle Auguste s'était occupé d'elle et connaissait tout ce qui la concernait. C'est à ses recommandations auprès de sœur Lucie, que celle-ci l'avait prise en une affection qui a pu étonner nos lecteurs. Seulement en homme prudent, il était resté à l'écart en apparence, pour ne pas influencer les idées de sa nièce. Il avait l'air de l'abandonner pour lui donner liberté complète.

Au reste, comme nous le savons, il n'avait point de ressources ; il lui eût donc été difficile de se charger de Léa. Quand elle lui demanda son consentement, il était en Italie ; mais il répondit pour l'encourager.

Auguste lui écrivait ce que faisait son frère ; celui-ci savait tout ce qui la concernait : nous ne devons donc pas être surpris si des correspondances ne s'étaient point établies entre eux.

XXIV. ÉCOLE DE FILLES. PRÉJUGÉ DÉTRUIT.

Léa fut envoyée dans une paroisse rurale pour tenir l'école des filles. Elle se fit remarquer par sa bonté, sa douceur, sa complaisance, sa charité, son activité, sa vigilance et fut aimée de la supérieure et des élèves. Elle resta là trois ans et rendit des services.

Au bout de ce temps, la supérieure de sa paroisse natale ayant été appelée à un poste plus élevé, Léa fut envoyée pour la remplacer. Dans le conseil administratif on éleva des objections ; mais la mère pensa avec justesse qu'il n'est pas toujours utile d'éloigner les sujets du pays qui les vit naître.

On dira peut-être qu'on n'est point prophète dans son pays , qu'on n'y peut toujours faire le bien. Pourquoi pas ?

Si on appartient à une famille pauvre, l'idée de grandeur qui tourne quelquefois la tête des personnes et les porte à s'élever, se trouve comprimée par plusieurs choses qui rappellent l'extraction. Si au contraire on est riche, la position de naissance ou de fortune donne d'un côté plus de relief , de l'autre fait mieux ressortir le sacrifice qu'on s'est imposé.

Léa ne fut pas longtemps sans donner à l'école une importance qu'elle n'avait jamais eue; les pensionnaires augmentèrent considérablement ; par leur tenue et leur instruction , elles firent l'éloge de la maîtresse et prouvèrent combien la supérieure générale avait eu raison de l'y nommer.

XXV. HÉRITAGE.

Norbert trouva son oncle dans une triste position ; ses souffrances étaient très-grandes ;

mais tout en les ressentant, il s'abandonnait entre les mains de Dieu.

« Je suis heureux de te voir, cher ami ; je craignais que tu n'arrivasses pas à temps : maintenant je puis mourir tranquille. Je sais tout, tes égarements et ta conversion ; continue, Dieu te bénira ; j'ai épargné pour te laisser quelque chose, c'est peu ; mais cela pourra encore te rendre service. Sans mon mobilier, tu trouveras 600 fr. : tout est pour toi, parce que ta sœur m'a dit qu'elle ne voulait rien.

Mon oncle, s'écrie Norbert, ne parlez point de mourir, vivez pour moi. Pardon, mille fois, pardon de la peine que je vous ai faite ; vous savez que mon inconduite a été expiée : je n'oublierai jamais combien vous avez été bon pour moi. Qu'il ne soit point question d'héritage ; le plus beau ce sont vos vertus et vos exemples.

Cependant Auguste s'affaiblissait ; il ne parlait déjà plus : il ne pouvait que serrer la main de son neveu ; peu après il rendit son âme à son Créateur.

Nous n'avons pas besoin de dire qu'il avait reçu tous les secours de la religion et ce n'est qu'aux consolations qu'elle procure qu'il devait le calme et la résignation.

Norbert fit rendre à son oncle les honneurs

funèbres et invita les pauvres à y assister. Il ne voulut qu'en partie profiter de la somme qu'on lui laissait ; il fit dire des messes pour le repos de l'âme du défunt , et puis il secourut les malheureux.

Lorsque quelqu'un est sur le point de mourir, ses enfants ou ses héritiers partagent d'avance les dépouilles ; chacun tire autant que possible de son côté, et si on pouvait abréger la vie du moribond , on le ferait. On compte ce qui reviendra. Les pauvres sont appelés parfois aux funérailles , mais souvent plus par usage que par conviction ; on distribue quelques aumônes, puis tout est dit. Le souvenir du défunt disparaît ; la prière ne s'élève guère pour lui ni en public, ni en particulier ; si on en parle , c'est pour louer son économie quand il laisse quelque chose , ou blâmer sa prodigalité s'il a employé ses biens en bonnes œuvres.

Quelle différence entre cet esprit et celui que l'Eglise enseigne à ses enfants! Celle-ci dans sa pratique ne se départ jamais de la reconnaissance ; elle ne l'oublie jamais , la prêche continuellement, et ceux qui l'écoutent ne sont point ingrats.

XXVI. MARIAGE.

Norbert avait laissé des sympathies dans ce pays ; il y avait passé plusieurs années et fait son apprentissage ; ayant donné de bons exemples, on s'était attaché à lui. Aussi tous prirent part à sa douleur. Laurent fut si content de le revoir qu'il l'engagea à rester avec lui : « Il y a toujours de l'ouvrage pour vous, lui dit-il. Je dis vous maintenant, parce que vous voilà homme. »

Norbert avait 28 ans ; il était de retour depuis un an. Laurent lui dit : « Vous devriez vous marier ; il est temps, l'âge vient.

— J'y songe, répond Norbert ; mais c'est si difficile ; je tiens plus aux sentiments religieux qu'à tout autre chose; cependant quand les deux se trouvent, il est permis d'en profiter.

— Je connais votre affaire, reprend Laurent; vous rappelez-vous la petite Célestine Michel, la fille du fermier chez qui vous fûtes reçu en arrivant ici ?

— Oui.

— C'est la personne qu'il vous faut. Mélanie vous porte intérêt et la famille Michel l'affectionne,

— Je verrai , répond Norbert. —

Quelques jours après , Norbert eut occasion de voir mademoiselle Célestine ; il lui sembla que ce que Laurent avait dit était vrai ; il en parla à Mélanie et celle-ci lui répondit :

— Je ferai la demande ; elle sera accueillié , je l'espère. Célestine est un caractère comme on en voit peu. Elle a déjà été demandée par plusieurs ; mais elle a attendu.

— Je vous remercie bien ; je vois que vous êtes toujours bonne et complaisante. —

Un mois après Norbert et Célestine furent unis à l'église paroissiale. Ils portèrent dans cet acte important autant de foi que de modestie.

XXVII. PAYS NATAL.

Le fermier voulait que son gendre restât auprès de lui ; mais Norbert était préoccupé par l'idée de retourner au pays qui l'avait vu naître, et de racheter la maison paternelle. Depuis quelque temps il s'était mis en rapports avec le notaire de P., et l'avait prié de s'informer si les acquéreurs du bien de son père seraient disposé à le vendre, et dans le cas affirmatif, il lui donnait plein pouvoir. M. Noël était un homme probe et dans lequel on pouvait établir sa confiance : il mena l'affaire activement ; seulement il remarqua que les propriétaires estimaient un peu cher. Plusieurs embellissements et des améliorations avaient été apportés, il est vrai ; il était donc juste d'en tenir compte.

L'affaire fut conclue pour une somme de 10,000 fr. et l'acte envoyé à Norbert pour le ratifier.

Célestine apportant à son mari 5,000 fr. par contrat, et Norbert de son côté ayant 4,000 fr., il ne manquait donc que 1,000 fr. que M. Laurent mit à leur disposition ; Norbert envoya cette somme à M. Noël avec sa ratification ; il avait voulu payer comptant.

Quand la maison fut disponible, il partit avec sa femme, son beau-père et Laurent. Mélanie voulut être de la société.

Voilà plus de quinze ans que Norbert n'a vu son pays natal ; il n'a voulu y revenir qu'en rentrant dans la demeure de ses parents : la sainte Vierge le lui avait promis. De quelles impressions son esprit est saisi lorsqu'il découvre la montagne qui domine la ville ! les bois, les champs, les chemins, tout lui est connu et semble lui sourire ; l'église dont il aperçoit la flèche lui rappelle tant de choses. Il dit à Célestine en lui montrant des arbres : là je suis venu m'asseoir avec mes camarades. Léa et moi avons souvent cueilli des fleurs dans ces prés.

Mais ces diverses impressions le cédèrent à celle qu'il éprouva à la vue de sa maison ; un frisson parcourut son corps, lorsqu'il entra dans le jardin ; pensant alors être seul, il dit : Que n'es-tu là, sœur chérie ?

— J'y suis moi, répondit Célestine.

— Pardon, dit Norbert, je t'oubliais ; mais ne me blâme pas : cette maison me rappelle tant de souvenirs. —

Norbert ouvre la porte, visite les appartements et prie un instant devant l'image vénérée qu'on a laissée à sa place. Il va ensuite au foyer où il avait habitude de se mettre et devient rêveur ; mais la présence de sa femme qui le regarde avec bonté et l'arrivée de son beau-père lui redonnent sa gaîté ordinaire. Michel et Laurent étaient restés en arrière et amenaient les meubles. Mélanie partageait la joie commune.

Le soir de leur installation, lorsque Michel et Laurent furent partis, Norbert mena sa femme s'asseoir avec lui sur ce banc où quelques années auparavant il disait à Léa : *je reviendrai.* Il lui raconta tout et elle ne put s'empêcher de dire : « Tu avais raison; celui qui met sa confiance en Marie, ne périt jamais. »

Ils s'entretenaient ainsi, lorsque la barrière

du jardin s'ouvrit, et ils virent alors une personne vêtue de noir s'avancer vers eux.

XXVIII. FRÈRE ET SŒUR.

Léa, car c'était elle, avait appris de M. Noël l'achat de son frère, et pour mieux le surprendre avait prié le notaire de ne point lui écrire qu'elle était supérieure à P. « Je n'ai pas voulu l'en avertir encore pour deux raisons ; 1° parce qu'il n'y a pas longtemps que je suis ici, 2° parce que je veux savoir si j'y resterai. »

M. Noël avait gardé le secret. Norbert fut donc très-surpris quand dans la visiteuse il reconnut sa sœur.

Après les compliments échangés : « Chère Léa, lui dit-il, je racontais tout à l'heure à ma femme, car voilà ta belle-sœur, ce dont nous avons parlé le dernier soir où nous sommes venus sur ce banc et ce que tu me répondis. — Léa aussitôt embrasse Célestine.

— Me voici de retour, mais toi ?

— Moi aussi, Norbert ; non sans doute pour habiter la même maison, mais pour être à la tête des sœurs de cette paroisse, car je suis la supérieure.

— Pas possible, Léa.

— C'est comme je te dis.

— Qui donc t'a avertie de mon arrivée ?

— M. Noël.

— Je n'en reviens pas ; comment tu es supérieure à P. !

— C'est très vrai; je ne voulais pas accepter; mais on a insisté, et me voici.

— Pourquoi ne me l'avoir pas écrit ?

— J'avais des raisons ; maintenant tu n'en es pas fâché, ta surprise n'est que plus grande.—

Léa que nous avons déjà nommée sœur Justine, ne put s'empêcher d'admirer la bonté de la sainte Vierge qui permettait leur réunion, et avait veillé sur eux de manière à ce qu'ils ne perdissent pas leurs bons sentiments.

Sœur Justine raconta en peu de mots à son frère le rêve qu'elle avait eu le jour de leur séparation.

— Comment, dit Norbert, tu avais rêvé cela ?

— Oui.

— Sais-tu quelle heure il pouvait être ?

— Huit heures environ.

— C'était vrai, je croyais mourir et je disais : Léa, Léa !

— C'est à ce cri que je me suis réveillée. — Elle donna ensuite tous les détails que nous connaissons. Norbert raconta de son côté ce qui lui était arrivé ; l'un et l'autre restèrent plongés dans l'admiration.

— Qu'on dise ce qu'on voudra, il y a parfois des pressentiments.

— L'histoire nous en rapporte plusieurs; pourquoi n'y croirions-nous pas ? —

Sœur Justine fit part à son frère de son histoire toute entière ; celui-ci en connaissait les principales choses : Mon oncle, dit-il, m'avait tout écrit; mais j'ai su de bonne heure que sœur Lucie était notre cousine, voilà pourquoi je ne m'inquiétais point de ton sort.

— Je fus longtemps, ajouta Léa, sans savoir cette particularité. —

Sur ces entrefaites, Mélanie qui avait obtenu de rester quelques jours pour voir le pays de Norbert et l'installer chez lui, vint annoncer que le souper était prêt. C'est elle qui faisait la cuiine, en attendant qu'on pût trouver une servante convenable, chose qui n'est pas toujours facile.

Sœur Justine demanda à son frère quelle était cette personne et si elle devait rester à son service.

— Non, c'est une amie; elle m'a protégé et a élévé Célestine. — Il lui raconta ensuite son histoire.

Justine admira ce dévouement et quand elle fut entrée à la maison, elle dit à la vieille gouvernante :— Mademoiselle, vous avez été l'amie de mon frère;vous avez donné une bonne éducation à ma belle-sœur : je n'oublierai point cela. Quand vous voudrez vous reposer tout-à-fait , venez chez nous; vous serez soignée comme une mère.

— Madame, répondit Mélanie, je n'ai rien fait pour mériter des éloges ; toute autre que moi aurait agi ainsi ; il était si gentil ce pauvre Norbert, et votre oncle si bon, qu'on ne pouvait se défendre de leur porter intérêt. Je l'ai aimé dès le premier jour; aussi quand Célestine a été grande et que je l'ai vu revenir , je me suis volontiers prêtée pour favoriser leur union. —

Sœur Justine embrassa Mélanie, et Célestine en fit autant.

Il était bientôt dix heures ; le souper venait de se terminer : la sœur pensa alors à se retirer. Norbert l'accompagna jusqu'à la porte de la communauté, remettant sa visite à une autre fois.

XXIX. VISITE.

Si Norbert fût arrivé à une heure moins avancée de la soirée , son premier soin eût été de se rendre à l'église pour remercier Dieu de son retour. L'idée de revoir un lieu qui lui était si cher, où il avait reçu tant de grâces, l'occupa une partie de la nuit ; il dormit peu et fut debout dès le matin. Longtemps donc avant que la messe sonnât il était dans le saint temple.

Malgré son désir de rester calme, il ne pouvait s'empêcher de jeter un regard sur les fonts du baptême et sur le confessionnal.

— C'est là, se disait-il, que Dieu m'a accordé le bonheur de devenir son enfant ; c'est là aussi quand j'avais besoin de conseil et de force, qu'on m'enseignait les moyens de me soutenir.—

Il regarda la chaire et vit avec plaisir qu'on n'y avait fait aucun changement ; l'autel de la Vierge était aussi le même. Fidèle à sa résolution, son plan est arrêté et dès le lendemain il se mettra à l'œuvre.

La messe qui commence vient interrompre son colloque; il se recueille , suit toutes les cérémonies dans leurs diverses parties, prie pour lui, pour sa femme, sa sœur, ses parents vivants et morts et demande à Dieu toutes bénédictions.

Sœur Justine est là de son côté, sollicitant les mêmes grâces; cette union de prières dut plaire au Seigneur.

Après la messe ils allèrent ensemble s'agenouiller sur la fosse de leurs parents. Norbert y posa deux couronnes, montrant par là qu'il n'avait pas oublié. Le dimanche suivant, on entendit au prône les noms des chers défunts; des messes étaient demandées pour plusieurs semaines.

Célestine , se trouvant fatiguée du voyage , n'assista point aux premières visites ; Norbert ayant remis à plus tard d'aller chez sa sœur, se rendit, à la sortie du cimetière, chez M. le curé.

Le vénérable prêtre qui avait élevé Norbert n'était plus là; par les services qu'il avait rendus et en raison de sa science , l'évêque venait de l'appeler depuis deux ans auprès de lui. Son successeur était très-simple, bon et affable. Cette simplicité dans un siècle comme le nôtre où beaucoup tendent à prendre les manières et le ton du grand monde, est plus précieuse qu'on ne croit ; elle fait même presque toujours une forte impression. Aussi, sans blâmer son prédécesseur , nous pouvons dire que celui-ci faisait plus de bien.

Norbert fut reçu avec cordialité et lorsqu'il eut dit quelque chose de son histoire à M. le curé, celui-ci répondit: « Je suis heureux de vous avoir pour paroissien. » Son étonnement fut encore plus grand lorsqu'il demanda à se confesser, ajoutant qu'il voulait commencer ainsi son retour au pays.

XXX. NORBERT MAITRE ÉBÉNISTE.

Norbert ayant fondé un établissement d'ébé-

nisterie, fut quelque temps sans beaucoup d'oc-
cupation. Il consacra ses premiers loisirs à tenir parole pour l'église. Sans rien dire de son
projet à M. le curé, il fit transporter dans la
cour du presbytère tout le bois travaillé pour
la chaire et l'autel de la Vierge. Chaque mor-
ceau avait été préparé d'avance, de sorte qu'il
ne s'agissait plus que de les mettre en place,
ce qui ne fut pas long. M. le curé étonné demanda à Norbert ce que cela voulait dire.

— C'est un cadeau que je fais, répondit-il ;
j'avais promis, je tiens parole.

— Merci, Monsieur, dit le curé ; Dieu vous
bénira : les bienfaiteurs ayant droit à des prières
spéciales, vous ne serez point oublié.

— N'est-il pas juste, ajouta Norbert, que je
travaille pour le bon Dieu ? Je vois tous les jours
des personnes faire leur possible pour embellir
leur maison, ne rien épargner à cet effet; pourquoi n'agirais-je pas de même pour celle du
Seigneur ? Plus tard j'espère mieux... —

Dieu, il est vrai, ne répand pas toujours des
avantages matériels ici-bas sur ceux qui le servent; cependant il voulut bénir Norbert.

Sa réputation d'habile *ébéniste* se propagea si
vite, qu'en peu de temps il fut demandé dans
tout le pays par les meilleures maisons. Son atelier devint célèbre et il occupa des ouvriers. Il

7

exigeait d'eux qu'ils se reposassent le dimanche et que personne ne manquât au travail le
lundi. Il félicitait ceux qui assistaient aux offices
et leur disait : Vous avez raison , vous prenez
ainsi votre véritable intérêt.

— Mes amis, ajoutait-il, j'ai été ouvrier comme vous; à Paris où j'ai travaillé , j'ai eu le
malheur de m'abstenir d'aller à la messe et de
faire le lundi; je m'en suis repenti. Je ne vous
défends pas de vous amuser; je vous y engage
même ; cela me fait plaisir de vous entendre
chanter; le chant donne du courage; mais point
de mauvais amusements , ni de chansons obs-
cènes , cela n'est pas digne d'hommes qui se
respectent. Buvez un peu, jouez , la religion ne
s'y oppose pas; mais pas d'excès; cela ne mène
à rien. Mettez quelque chose de côté; quand le
besoin se fera sentir, vous aurez ainsi de quoi
y subvenir ; dans ce cas aussi vous compterez
sur moi.

— Vive le patron, s'écrièrent les ouvriers , il
a raison. —

Quand quelqu'un d'entre eux tombait malade, Norbert allait le voir , le consoler et même
lui porter secours. Il ne croyait pas en agissant
ainsi descendre de sa position ; au contraire, il
ne grandissait que plus dans leur estime et leur
affection; personne pour tout au monde n'aurait

voulu lui manquer. Heureux patron ! heureux ouvriers !

Il y a six ans que Norbert est établi et que par son habileté, l'ordre , l'économie , sans cependant oublier les pauvres , sa fortune a augmenté.

La mort de son beau-père vient d'apporter un grand changement dans sa position. M. Michel laisse à ses deux enfants environ 40,000 fr., c'est donc 20,000 fr. pour Célestine.

Ce fut un grand coup pour sa fille; elle aimait son père, et souvent elle allait passer quelques jours avec lui. Norbert fut bien attristé aussi, et certes il eût préféré rester pauvre toute sa vie et conserver son beau-père.

— Comment faire , disait Célestine, pour ne plus retourner à M. ? que j'ai de chagrin ! heureusement tu es là.

Tous les instruments de la ferme furent estimés et laissés à Jules, frère de Célestine. Celui-ci en tint compte, mais n'eut pas à se plaindre du taux qui fut fixé. Il eut encore la part la plus importante, et même sa sœur voulut se charger seule des frais de maladie , de décès et des messes pour le repos de l'âme de leur père. Jules aussi de son côté se montra reconnaissant.

Il fut convenu que Mélanie entrerait chez les

sœurs, qu'elle irait tous les jours voir Célestine.

L'héritage qui venait d'arriver à Norbert réuni à ce qu'il avait déjà gagné, lui permit de se reposer, à cause de la santé de sa femme qui était un peu ébranlée. Il ne cesse pas entièrement ; il a un garçon; il pense à le mettre plus tard en sa place, si c'est son idée; pour rester plus souvent auprès de Célestine, il s'associe le plus rangé des ouvriers et le rend participant aux bénéfices.

Maintenant on ne l'appelle plus que M. Norbert. Il fait déjà partie depuis longtemps du conseil de fabrique ; bientôt il entrera au conseil municipal et le maire venant à mourir, l'administration le choisira pour le remplacer.

XXXI. M. NORBERT MAIRE.

M. Norbert tint à remplir ces fonctions avec zèle. Son premier soin fut de prévenir ou réprimer tout ce qui pouvait nuire soit à la paix de la ville, soit à la tranquillité publique, tant au dedans qu'au dehors , et à faire ses efforts pour maintenir l'autorité de la loi ou améliorer l'état social de ses concitoyens.

Il veillait à tout et tâchait de voir par lui-même. Sans doute il s'en rapportait à ce que lui disaient les employés ; mais il examinait les choses lui-même.

Outre les devoirs généraux du maire qu'il remplissait avec exactitude , il s'occupait principalement de ce qui pouvait intéresser la santé publique; il voulait que les rues fussent balayées avec soin et arrosées pendant les grandes chaleurs.

Quand il entendait parler de difficultés, il se rendait conciliateur, et sa bienveillance réusissait souvent.

Pour donner toute facilité à ses administrés, il se rendait chaque jour à l'hôtel-de-ville , y restait plusieurs heures.

Sachant que l'exemple fait beaucoup, il ne va pas au cabaret et assiste régulièrement aux offices.

Contrairement à la manière d'agir de son prédécesseur, qui n'allait à la messe qu'aux fêtes officielles, M. Norbert n'y manque jamais; il va aussi à vêpres et se fait un plaisir de chanter avec le chœur. Il n'a point honte non plus de faire son devoir pascal et même de communier aux grandes fêtes.

Il prend un soin particulier des pauvres, fait voter plusieurs fois des sommes pour venir à leur secours et en obtient à diverses reprises de la Préfecture.

Le sous-préfet l'aime beaucoup; il a appris à

le connaître : aussi en parlant de lui , il dit : *Nous avons là un bon administrateur.*

Il serait à désirer que dans toutes les hiérarchies, quelles qu'elles soient, on suivît cet exemple. Combien de fois n'avons-nous pas entendu dire par l'un ou par l'autre : On ne m'a pas répondu. C'est une espèce de mépris qui va bien loin et blesse l'âme jusque dans ses profondeurs.

Qui de nous n'a pas admiré à ce sujet un éminent cardinal qui, malgré ses occupations très-multipliées d'ailleurs, trouvait encore moyen de répondre lui-même ?

Au bout de quelques années, M. Norbert a reçu les insignes de la légion d'honneur , juste récompense de son zèle et de la confiance qu'il a su inspirer.

XXXII. INSTRUCTION.

Si nous n'avons point dit que M. Norbert était instruit , nos lecteurs l'ont deviné. A Paris il avait suivi exactement le cours des Frères de la doctrine Chrétienne et était devenu dans peu un de leurs meilleurs sujets. Ayant apprécié par lui-même les avantages de l'éducation, il tenait beaucoup à ce que ses enfants en eussent. Aussi personne ne fréquentait mieux qu'eux leurs classes respectives. Par ce motif il ne s'était pas opposé à ce que son Joseph se vouât à l'enseignement; aussi depuis trois ans il a consenti à se séparer de lui pour le laisser aller à l'Ecole normale.

Il y a bientôt trois ans que Mme Norbert a été enlevée à l'affection de son mari et de ses enfants ; on la pleure encore et peu s'en est fallu que cette grande perte n'ait occasionné celle du père, il aimait tant sa femme ! Il en parle tous les jours ; mais il s'est dit : Dieu l'a voulu, obéissons ; mes enfants ont besoin de moi, il faut donc que je me dévoue pour eux.

Il eut aussi intention un moment d'empêcher son fils de retourner à l'Ecole normale; il l'avait appelé pour recevoir la bénédiction de sa mère; mais comme d'un côté Joseph penchait toujours pour être instituteur et de l'autre que Louise pourrait à la rigueur tenir le ménage, il le laissa aller.

La scène dont nous parlions au commencement où Victor embrassait sa sœur et son frère se passait pendant les vacances ; Joseph venait de finir son cours et attendait sa nomination.

Vous avez bien raison, papa, ce n'est plus la même chose d'être chez les autres. Je le sais déjà par expérience. On n'est guère heureux loin de ses parents, quand on les aime, et il semble que tout manque. Ce qui me chagrine maintenant, c'est de vous quitter encore ; mais on m'a promis de ne pas m'éloigner de vous.

— Je l'ai demandé aussi et on a tenu parole; lis en effet ce que je viens de recevoir, c'est ta nomination à St-C... : il faut que tu y sois le 1er octobre.

— Ce ne sera pas loin.

— Maintenant, mon enfant, fais tes apprêts; tu n'as plus que huit jours. Avant de te quitter, je te dirai ce que l'expérience m'a appris.

XXXIII. AVANTAGES DE L'INSTRUCTION.

« J'ai tenu, cher Joseph, à ce que tu fusses instruit, parce que l'éducation est un trésor précieux qui ne se perd pas et peut rendre toujours service.

» L'esprit est la première puissance de l'homme; c'est lui qui doit le gouverner tout entier; abandonné un seul instant, nous ne rechercherions que les plaisirs, les jouissances corporelles et notre intelligence succomberait sous la matière; cultivé avec soin, bien formé, nourri de bons principes, il produit des fruits de sagesse et de vertu.

» Tous les peuples qui ont cherché à développer l'esprit ont brillé par leur civilisation et leur perfectionnement. Athènes et Rome sont devenues ainsi les premières nations du monde. Nos pays, autrefois barbares, sont le centre de la civilisation depuis que l'instruction y a suivi *la religion chrétienne*. On s'élève donc en s'instruisant; les lois se perfectionnent et les mœurs s'adoucissent. L'esprit abandonné à lui-même se couvre donc de ronces et d'épines; cultivé avec soin, il se charge de riches moissons.

» L'étude étend nos connaissances et nos lumières ; elle agrandit nos vues , multiplie nos idées , donne à nos pensées plus de justesse et nous apprend à mettre de l'ordre dans toutes les affaires de la vie. Sous le rapport religieux, nous connaissons mieux Dieu qui nous a créés, ce que nous devons à nos parents, à la patrie, à l'humanité dont nous sommes membres.

» Ne vas pas croire, mon enfant, que la religion puisse se trouver en dehors de l'enseignement; elle doit, au contraire, en former la base. C'est à la religion que nous sommes redevables de ces asiles où on donne l'instruction la plus variée et la plus complète. C'est elle qui, dans les temps de barbarie même, ordonna à ses clercs de tenir à côté de l'église une école pour le peuple.

» Elle ne s'est pas bornée à créer des maisons; mais elle a formé des maîtres pour toutes les conditions et tous les états. Elle s'intéresse à ce qui relève la dignité de l'homme dans quelque position qu'il se trouve. Non contente de répandre la lumière, elle stimule le zèle des parents et des maîtres.

» Les parents doivent être sans aucun doute les premiers instituteurs des enfants. La mère qui tiendra sa fille sur ses genoux lui répètera le nom du Seigneur, et celle qui ne s'acquitterait pas de ce doux devoir, soit par indifférence, soit par ignorance, compromettrait son avenir; nous osons dire qu'elle ne méritait pas d'être femme.

» Le père formera de bonne heure l'esprit de son fils et lui donnera une instruction proportionnée à sa condition; la religion traite de coupables les parents qui par avarice ne veulent pas pourvoir leurs enfants d'une éducation convenable.

» En traçant les devoirs de tous, elle s'est spécialement occupée du maître : écoute donc présentement ce qui te regarde.

XXXIV. INSTITUTEUR. SES DEVOIRS.

» L'instituteur ne fait point un métier ; ses

fonctions sont toutes intellectuelles , toutes morales; ses rapports sont toujours sociaux, car la vie commence sur les bancs de l'école et ce que lui enseigne la parole du maître est la base de son avenir.

» Quoique sa carrière soit sans éclat, quoique ses jours doivent le plus souvent se consumer dans l'enceinte d'une commune, ses travaux intéressent la société tout entière.

» Les premiers devoirs de l'instituteur sont envers les enfants confiés à ses soins. Il doit se considérer comme un père de famille ; il remplace celui-ci et partage son autorité naturelle, il doit donc l'exercer avec la même vigilance ; avec la même tendresse.

» Il doit guider les enfants et tenir sur eux des yeux toujours ouverts , garder leur innocence et avoir soin aussi de leur santé.

» Dans la classe tu auras de l'ordre et distribueras exactement le temps et le travail. Point d'ordre , point de progrès, ni d'éducation possible. C'est là qu'il est bon de s'appliquer cette maxime : *Une place pour chaque chose, chaque chose à sa place.*

» Les tableaux, le papier , les plumes , les livres occuperont une place invariable. Tes élèves arriveront ensemble et entreront dans la classe sans bruit, sans confusion; un profond silence règnera pendant les exercices. Conformément du reste au règlement, tu varieras les occupations, en sorte que les enfants ne s'ennuient pas. Des leçons courtes, elles valent mieux que des longues, et intéresser les enfants est le meilleur moyen de leur faire faire chaque jour un pas de plus.

» Tu fermeras les yeux sur des puérilités pardonnables à la rigueur et ta voix sera mieux écoutée quand le reproche sera mérité.

» Point de corrections corporelles, ni humiliantes; les récompenses accordées aux studieux et aux sages sont déjà des punitions pour les autres.

» Dans aucun cas tu ne t'emporteras contre les élèves, c'est un point important : un visage sérieux leur impose trop, un visage mobile n'impose pas assez; l'extérieur est peu de chose sans doute, mais il ajoute et donne de la force. Point de manières affectées ; une noble simplicité plaît à tous.

» Tu n'oublieras pas que l'éducation morale est encore la plus importante et la plus difficile. En te confiant ses enfants, chaque famille a droit de te demander un honnête homme, la religion un bon chrétien et le pays un bon citoyen. Les vertus ne suivent pas toujours les lumières et les leçons que reçoit l'enfance pourraient lui devenir funestes si elles ne s'adressaient qu'à son esprit.

» Tu t'appliqueras donc sans cesse à propager et à affermir ces principes impérissables de religion, de morale, de raison, sans lesquels l'ordre universel est en péril, et à jeter profondément dans de jeunes cœurs ces semences de vertu et d'honneur que l'âge et les passions n'étoufferont pas : la foi dans la Providence, la sainteté du devoir, la soumission aux parents, le respect dû aux lois, aux droits de tous, tels sont les sentiments que tu devras développer.

» Jamais une parole ni un exemple qui puissent ébranler la vénération due au bien ; toujours la paix, la concorde pour préparer, s'il est possible, les mêmes résultats dans l'avenir.

» Ainsi tu respecteras l'autorité religieuse et civile ; ces deux autorités peuvent marcher ensemble et elles le doivent; toutes deux exercent sur les enfants, par des moyens divers, une salutaire influence.

» La leçon la plus utile sera donc celle du bon exemple. Tu éviteras ainsi les lieux fréquentés par les gens oisifs et n'iras point y confondre ta dignité. Ta réputation est la seule garantie des familles ; ce ne sera qu'en conservant leur estime, qu'en méritant la vénération des personnes estimables, que tes élèves te respecteront.

» Tu craindras toujours d'être en collision avec le curé et le maire de la commune; consulte-les souvent et appuie-toi sur leur expérience.

» Il y en a qui acceptent bien l'influence du maire et veulent décliner celle du curé ; c'est une faute : celui-ci est un ami qui en vaut bien un autre. Sans doute l'esprit de philosophie absurde ne veut pas cet accord ; il cherche quelquefois à rompre les liens et à faire de l'instituteur une espèce de *grand-prêtre*. Ne te laisse pas prendre par ses cajoleries ; dans le fond il sait que c'est *utopie* et qu'en dehors de la religion il n'y a ni lumière vraie, ni dévouement.

» En un mot l'instituteur doit être irréprochable, assidu, studieux, zélé, désintéressé, impartial et sincèrement religieux. A la vigilance d'un professeur il joindra la tendresse d'un père, la bienveillance d'un protecteur, le zèle d'un ami. Il imprimera la crainte, s'attirera l'estime et encore plus l'amour, il réussira ainsi à former la volonté, rendre la conscience droite, perfectionner les manières, orner la mémoire, embellir l'imagination et diriger la raison des enfants.

» Tu sais le chant et jouer de certains instruments de musique ; tu te feras plaisir et honneur de consacrer ces talents au culte de Dieu. Quand même tu ne serais pas tenu par le règlement d'assister aux offices , tu devrais t'en faire un devoir : l'instituteur y est bien à sa place. Tu te rappelleras, à cette occasion , le roi Robert portant chape et chantant avec le chœur.

» Voilà un long sermon, comme tu vois; mais il ne l'est pas assez, car il y aurait bien des choses à ajouter , que l'expérience t'apprendra. Au reste, comme nous devrons nous revoir , je suppléerai à ce qui manque.

» Je finis en t'avertissant que tu auras beaucoup plus de travaux que n'en avaient nos maîtres ; peut-être les a-t-on reconnus nécessaires : cependant je crains qu'ils ne prennent trop de temps à l'instituteur et que ce soit au préjudice des élèves. Je ne critique pas le *Journal de classe* , il a sans doute son utilité ; hors de là il me semble que la liste seule d'appel suffirait comme autrefois et que le livret de notes sur l'élève présente des inconvénients. Je n'ose aller plus loin sur un terrain que je ne connais pas ; si je me trompe , je prie qu'on excuse mon erreur. »

Avec de semblables principes, quel bon instituteur devra faire Joseph ! S'il nous est donné un jour d'entrer dans une classe tenue par un homme pareil , nous n'aurons pas assez d'éloges pour le louer. Il n'attend , il est vrai , sa récompense que de Dieu.

XXXV. FAMILLE NORBERT.

Quelles sont douces les jouissances qu'on éprouve en famille ! Là nous trouvons appui dans nos faiblesses , secours dans nos besoins, consolation dans nos peines , soulagement dans nos maux. Là quand on s'entend bien, et on s'entend toujours quand on aime Dieu , on est heureux et content.

C'est ainsi qu'il en est pour les enfants de M. Norbert. Comme nous l'avons dit , la mère n'est plus ; mais son souvenir vit , ses leçons ne sont point perdues : on croit encore les entendre et elles produisent leur effet. On en parle le matin , on en parle le soir, et il n'y a rien de plus consolant pour M. Norbert que ces témoignages d'amitié filiale.

« Pourquoi en est-il ainsi de Célestine , se dit-il à lui-même ? c'est parce qu'elle les a bien élevés et leur a parlé du bon Dieu. Tout est là; j'espère qu'il en sera ainsi pour moi.

— N'est-ce pas , mon Victor , si je venais à mourir , que tu ne m'oublierais pas ?

— Papa , que dites-vous ! vous ne mourrez point , je m'y oppose ; mon Dieu , que mon père vive toujours ! n'est-ce pas , vous me le conserverez ?—Et Victor se mettait à genoux.

Léontine accourait l'embrasser, et montrait par ses caresses que son père lui était cher.

Louise, ainsi que nous le savons, tient le ménage; il y a tant d'ordre, que de toutes parts on dit : Celui qui prendra pour femme une fille comme celle-là, n'eût-elle rien, sera le plus heureux des hommes. Quelle douceur, quelle prévenance, quelle modestie ! Louise ne connaît, il est vrai, que le chemin de l'église; mais ceci ne l'empêche pas d'être gaie.

Les deux filles réjouissent leur père par leurs chansons. M. Norbert leur a dit : Un peu moins de tristesse, cela ne nous empêchera pas de penser à celle qui nous est chère. Victor chante aussi, et quand Joseph vient, il les accompagne tous avec ses instruments.

Léontine parle d'être religieuse ; sa tante Justine, chez qui elle va tous les jours, en est enchantée et dit qu'elle arrivera. Elle a beaucoup de retenue et de piété; c'est une excellente élève.

Victor dit qu'il sera prêtre. Un jour étant allé chez M. le curé, quand il fut de retour, il s'écria : Papa, M. Louis m'a *mis sa machine à prêcher sur le dos* (il voulait parler de l'étole) ; je serai curé, vicaire, évêque. Depuis ce temps, il persiste dans son idée.

8

M. Norbert est donc heureux avec ses enfants et ses enfants avec lui.

Il est aussi en bons rapports avec ses administrés et surtout le curé de la paroisse. Il n'a point honte de le consulter quelquefois et même s'est bien trouvé de ses avis.

Il a tenu parole pour l'embellissement de l'église ; non-seulement il a fait voter plusieurs sommes pour y subvenir, mais il s'est imposé des sacrifices. Outre les meubles qu'il avait donnés en arrivant, il y a un chemin de croix, des tableaux et des ornements qui viennent de lui.

Sœur Justine et Norbert se voient souvent; ils s'aiment toujours et font chacun ce qui dépend d'eux pour le bonheur de tous.

Disons en finissant : Celui-là est heureux qui craint le Seigneur ; il n'est pas exempt de toutes misères : Dieu les permet quelquefois; mais après l'épreuve, c'est la consolation.

Post lacrymationem , exaltationem infundis.

FIN,

XXXVI. CHANSONS.

Nous l'avons dit , M. Norbert aimait le chant;
il le regardait comme très-propre à encourager
au bien et à soutenir pendant le travail ; seulement il excluait ce qui était déplacé. Nous
croyons donc faire plaisir en mettant ici les
chants qu'il composa. Il est juste qu'à cause de
sa dévotion à la sainte Vierge , nous trouvions
un cantique en son honneur.

BONHEUR DU TRAVAIL.

Air : Où vont tous ces preux chevaliers ?

Partir de chez soi grand matin
Dans le but de gagner sa vie ,
Semble parfois un dur destin ,
Mais c'est un sort digne d'envie ;
L'opulent sur son oreiller,
Il est vrai , sommeille à cette heure ;
Je suis forcé de m'éveiller ,
Mais je chante dans ma demeure.   (bis.

Qui de nous est le plus heureux ?
Mes amis, faut-il vous le dire ?
C'est nous.—Le riche est malheureux,
Puisque rarement il *sait rire*.
Souvent il n'a point le bonheur
Par l'intérêt qui le domine ,
Et la tristesse est dans son cœur ,
Vous pouvez le voir à sa mine.

Je me jette alors à genoux
Et priant l'auteur de mon être ,
Je dis : Ayez pitié de nous
Et bénissez aussi mon maître.
Vite , bien vite à l'atelier
Je cours , oubliant la souffrance ,
Et quand j'ai mis mon tablier ,
Je crois avoir toute la France.

Si le travail est précieux ,
Il ne faut pas qu'il importune ;
Il peut nous procurer les cieux ,
Ici-bas donner la fortune ;
Mais sachons que pour arriver,
Pour se maintenir à l'ouvrage ,
Il faut souvent se relever
Par le *chant* : il donne courage.

Quel plaisir donc quand la chanson
Commence dès que l'on s'assemble,
Et surtout quand à l'unisson
Nous pouvons la chanter ensemble !
Le *chant* rend les outils légers;
Tâchons de le mettre de mode.
Nous serons alors soulagés,
Le travail paraîtra commode.

Continuons jusqu'à la fin ;
Travaillons avec espérance,
Si Dieu doit nous bénir enfin ,
Alors où sera la souffrance ?
Le guerrier compte pour un bien
La fatigue après la victoire ;
Regardons aussi comme rien
Nos peines pour une autre gloire.

LE DIMANCHE DES OUVRIERS.

Air : Fuyons, fuyons, voici venir l'orage.

Après avoir bien prié le dimanche ,
Au cabaret on peut porter ses pas,
Se délasser , être de gaîté franche ,
Même jouer : Dieu ne le défend pas.

REFRAIN. Aujourd'hui courage
Nous prenons ,
A demain notre ouvrage :
Nous fêtons.

Buvons un peu , l'excès seul est contraire ;
Il est permis de poser un enjeu ;
Mais réglons tout, et rien, rien d'arbitraire ,
Contentons-nous de faire petit jeu.
Aujourd'hui , etc.

N'oublions pas de rentrer de bonne heure;
On nous appelle : une femme , un enfant
Sont désolés, et triste est la demeure.
A notre vue , on revient triomphant.
Aujourd'hui , etc.

Ne mangeons pas tout dans une soirée;
Par le besoin naîtrait le repentir :
Gardons nos gains comme chose sacrée ;
Demain peut-être il se ferait sentir.
Aujourd'hui, etc.

Qu'aucun de nous, hélas ! au fond du verre
N'aille laisser sa raison tout-à-fait :
Vous l'avez dit , c'est vilain quand on erre
De tous côtés , chancelant , contrefait.
Aujourd'hui, etc.

Soyons joyeux, cette sainte journée;
Mais pas d'excès , nous deviendrons heureux.
Si nous comptons à la fin de l'année,
Nous retrouvons les buveurs malheureux.
   Aujourd'hui , etc.

LE CHANT DES ÉCOLIERS.

Air : Des palmes de la gloire.

Refrain. De venir à la classe
 Ah ! quel bonheur pour nous !
 Le maître dit : En place !
 Amis, accourons tous.

C'est beau de savoir lire ,
Utile de compter ,
A ses parents d'écrire
Au loin , de raconter :
Une seule journée
Sert pour notre avenir ;
Si nous perdions l'année ,
Alors que devenir ?

De venir à la classe, etc.

Sachons que l'ignorance
Ne peut mener à rien.
De la persévérance
Pour arriver à bien.
Une belle carrière
Dépend de nos travaux ,
En restant en arrière
Nous n'aurions que des maux.

　　De venir à la classe, etc.

Trève à l'enfantillage ,
Silence dans les rangs ;
Faisons bien notre page ,
Lisons sur tous les bancs :
A l'auteur de notre être
Demandons le progrès ,
Et contentons le maître ,
Il prend nos intérêts.

De venir à la classe, etc.

PRIÈRE DES ÉCOLIÈRES.

Air : Quand l'Angelus sonne.

A Dieu notre père,
Dès le point du jour ,

Qu'une humble prière
Montre notre amour.

Auteur de tout être,
Nous vous adorons ;
O souverain Maître !
Nous vous implorons.

Sur notre famille
Bénédiction ,
Et pour jeune fille
La dévotion.

Ah ! de toute offense
Détournez nos pas ;
Sur notre innocence
Etendez les bras.

Par vos vives flammes
Vos dons précieux ,
Soutenez nos âmes ,
Menez-les aux cieux.

LE CAFÉ : CHANSON.

AIR : Du général Tom-Pouce.

Pour chanter le *café*,
Cette liqueur chérie,
Lui qui m'a réchauffé,
M'a redonné la vie,
Où trouver le moyen ?
Je cherche une ressource,
Mais je la connais bien,
Il faut boire à la source.

Lorsque le noir chagrin
Vient attrister mon âme,
Et qu'un discours malin
Me condamne, ou me blâme,
Pour repousser les traits
Et conjurer l'envie,
Je cherche en ses attraits
A recréer ma vie.

On connaît l'amateur,
Il sucre peu la tasse ;
Il vous sert en *docteur*
Large , chaud, avec grâce.

Toujours après dîner
On le voit sur sa table ;
Au lait pour déjeûner,
C'est un mets délectable.

CANTIQUE EN L'HONNEUR DE LA Ste VIERGE.

Air : Du haut des cieux, Vierge Marie.

Je veux de l'auguste Marie
Devenir l'enfant en ce jour ,
La prendre pour mère chérie ,
Et lui consacrer mon amour.

A jamais soyez ma mère ,
Ecoutez ma prière :
Oh ! que je sois triomphant ;
A jamais soyez ma mère ,
Moi , votre enfant.   (bis)

Vous que dans la nuit ténébreuse
Dieu me donna, brillant flambeau,
Salut : sur la mer orageuse
Protégez mon frêle vaisseau.

A jamais , etc.

Salut , salut , Eve nouvelle !
L'autre nous a donné la mort ;
Mais vous de la vie éternelle
Vous nous avez ouvert le port.
     A jamais, etc.

Puisqu'on vous nomme le refuge ,
Le salut du pauvre pécheur ,
Priez donc le souverain Juge
De me traiter avec douceur.
     A jamais, etc.

Sur mon âme , hélas ! que dévore
La misère , un triste chagrin ,
Veillez , veillez, faites éclore
Un jour plus calme , plus serein.
     A jamais, etc.

Que je remporte la victoire
Sur mes ennemis à jamais ,
Et que dans l'éternelle gloire
Je chante vos nombreux bienfaits.

Je consens , je suis ta mère ,
J'exauce ta prière ,
Je te rendrai triomphant ;
Je consens , je suis ta mère ,
Toi , mon enfant.

TABLE

FIN DE LA TABLE.

Roanne. — Imprimerie FERLAY.

main, où il est retenu pendant les leçons d'assouplissement, puis on a soin de rendre à l'encolure la liberté de mouvement que cette fixité et la rigidité du cuir lui enlèvent, au moyen d'un petit ressort en métal ou en caoutchouc ajusté au filet. On entend par filet les rênes de filet.

A la faveur de ces dispositions, le cheval, cherchant à éviter le contact trop immédiat du fer de mors, obstacle permanent, rejette sa tête en arrière, la porte de lui-même à la hauteur voulue, sans qu'on soit obligé de l'y contraindre, au grand préjudice de sa bouche, par l'emploi soutenu des rênes et du filet ; et, bien que rêné de près, il satisfait sans peine aux efforts qu'on exige de lui.

Le filet à point fixe et en cuir rigide n'est point une nouveauté ; il existe depuis longtemps pour les chevaux de voiture ; mais sa véritable destination n'étant pas comprise, les uns s'en servent avec peu de discernement, les autres, le déclarant inutile et même nuisible, le suppriment.

Nous espérons que les explications que nous venons de donner, que la *modification élastique* que nous lui avons apportée, le réhabiliteront dans l'opinion

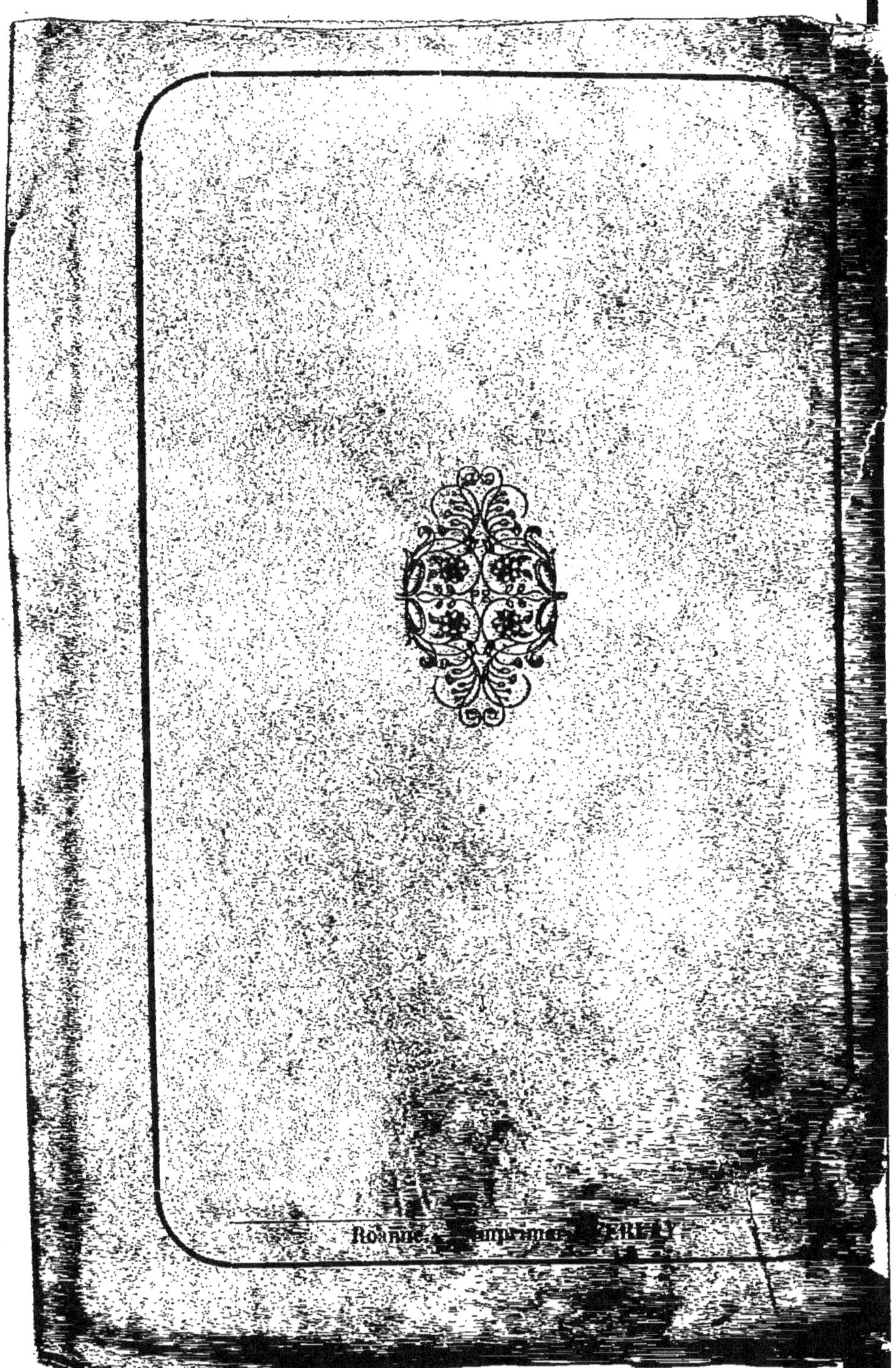

Roanne. — Imprimerie BERTHY